Sprungbrett zur Kreativität

Klausbernd Vollmar

Sprungbrett zur Kreativität

Verwirklichen Sie Ihren Lebenstraum

Integral

Dieses Buch widme ich Uta, Martin, Hartmut und Eglund,
die mich täglich daran erinnern,
wie lustig es ist, in einem kreativen Team zu spielen.
Gemeinsam lösen wir unsere Aufgaben und
erfreuen uns an Ergebnissen, die uns selbst verblüffen.
Wir erleben, daß Kreativität Wunder erschafft.

Außerdem ist dieses Buch
für
✻
xXX#…#XXx
☺

Inhalt

Kreativität – der Kuß der Muse

Gewußt wie – das HandKopfBauchWerkszeug

Kreativität ist Kommunikation

Kreativ arbeiten

Die Leere und die Gene

Anhang

Präludium

Denn was auch geschieht, die Zukunft
ist heute untrennbar mit der menschlichen
Kreativität verknüpft. Das Ergebnis
wird zu einem großen Teil von unseren
Träumen bestimmt werden und von
den Anstrengungen, die wir unternehmen,
um diese Träume wahr zu machen.
MIHALY CSIKSZENTMIHALY[1]

In der Nähe von Bern wurde vor zehn Jahren ein »BrainStore« eröffnet, in dem man kreative Ideen kaufen kann. Der Laden läuft prächtig. Aber keine Angst, ich habe die Idee zu diesem Buch nicht mit hochgeschlagenem Mantelkragen bei aufziehender Dämmerung dort gekauft. Ich hoffe – ohne Markus Mettler (dem wachen Besitzer dieses Kreativshops) Konkurrenz machen zu wollen –, daß Sie spätestens nach dem Lesen dieses Buchs nicht mehr zu den Unkreativen und Ideenlosen gehören, die auf den Supermarkt kreativer Ideen angewiesen sind und dort nach Sonderangeboten Ausschau halten.

Das Leben ist ein Traum

So sahen es die gebildeten Europäer des Barock zusammen mit den Buddhisten, den Hindus und den australischen Aborigines: Das Leben ist ein Traum. Wie sehen Sie das? Beschleicht Sie nicht bisweilen das Gefühl, daß Traum und Wirklichkeit unmerklich ineinander übergehen, wenn sie nicht gar das gleiche sind? Wir befinden uns stets in Träumen: Entweder träumen wir selbst, oder wir werden geträumt. Dabei unterscheiden wir zwei Arten von Träumen: echte Träume, die Sie als solche erkennen, und unbewußte Träume, die Sie nicht als solche erkennen.

Echte Träume finden regelmäßig vier- bis fünfmal pro Nacht statt, während wir schlafen. Beim Aufwachen wird Erwachsenen – im Gegensatz zu Kindern – klar, daß sie geträumt haben, was jedoch nicht unbedingt heißt, daß sie sich an ihre Träume erinnern. Echte Träume treten jedoch auch am Tag auf. Sie werden »Tagträume« genannt.

Unbewußte Träume finden ebenfalls am Tag statt. Sie würden es vehement ablehnen, Träumer genannt zu werden. Aber Sie träumen den ganzen Tag lang, weil Sie sich ständig Ihre Wirklichkeit zusammenträumen müssen. Sie erträumen sich Ihre Welt und merken es gar nicht! Verklärten Blicks entfernen Sie sich in eine bessere Welt oder erschaffen sich mit zusammengekniffenen Augen Ihre Hölle.

Genaugenommen gibt es noch eine dritte Art des Träumens: Gott, oder wie man das Unfaßbare nennen möchte, träumt uns – und wir träumen Gott. Ein Widerspruch? Keineswegs! Es ist eine Binsenweisheit, daß das Unfaßbare ein Teil von uns ist. Gott erträumt also in uns unsere Welt – für uns. Unsere Welt ist Traum. Wenn wir diesen Traum ändern, ändert sich unser Leben. Und der Schlüssel zu dieser Lebensänderung ist Ihre persönliche Schöpferkraft. Wie Sie welche Türen mit diesem Schlüssel öffnen können, davon handelt dieses Buch.

Einstein hatte recht: Gott ist zu kreativ, um zu würfeln

Im Folgenden werde ich mich dem unbewußten Traum zuwenden, den wir naiv »Wirklichkeit« nennen. Vom bewußten Traum wird ebenfalls die Rede sein und speziell davon, wie man das Drehbuch seiner Träume selbst schreiben kann, nämlich kreativ. Kreativität läßt Sie in die Traumwelt blicken: Sie schauen von der einen in die andere Wirklichkeit hinein und plötzlich wird Ihnen etwas klar.

Die Frage, ob wir geträumt werden oder uns selbst träumen, ist dabei nicht relevant. Durch Träumen kommt die Kreativität in die Welt, denn der Traum ist ein Spiel mit Möglichkeiten, also das, was Kreativität ausmacht. Und diese sprudelnde Quelle von Kreativität können Sie anzapfen und nutzen. Die Ausrede »Ich träume nicht!« gilt genauso wenig wie »Ich bin nicht kreativ!« Leben ist Traum, und Sie sind mittendrin!

Genau das erfährt man auch in jenen Traumübungen, die ich seit langem am liebsten mag. Dabei soll man seinen Alltag wie einen nächtlichen Traum betrachten. Das ist ein kühnes Spiel, bei dem mir dämmerte, was es bedeutet, daß wir alle träumen: Es heißt keineswegs, daß wir Träumer im Sinne von wirklichkeitsfremd sind, sondern daß wir kreative Spieler sind, die sich täglich ihre Wirklichkeit, ihr Spielfeld, die Mitspieler und selbst die Regeln erschaffen.

»Ich bin der Schöpfer«, für diese Aussage starb der Sufi-Mystiker El Halladsch im 10. Jahrhundert lachend am Kreuz. Wir alle sind Schöpfer, weil wir alle kreativ sind. Sie sehnen sich einen Erfolg herbei und machen ihn damit möglich. Sie fürchten sich vor dem Mißerfolg, und er beängstigt Sie in dunklen Stunden einsamer Nächte, denn Sie schaffen ihm so seine Wirkstätte.

Der Schöpfer sind Sie; der Kreative spielt Gott

Von uns selbst hängt es ab, wie das Spiel verläuft – klar, das steht selbst in den dünnsten Ratgebern zur Lebenshilfe (was nicht unbedingt bedeuten muß, daß es falsch ist) und das wußten Sie schon lange. Aber ist Ihnen klar, daß der Joker in diesem Spiel die Kreativität ist? Warum? Weil Sie sich durch sie mit der Essenz verbinden – also mit dem Traum, der Möglichkeit und Wirklichkeit zugleich ist.

Ich betone daher stets in meinen Traumbüchern, daß wir unsere Träume betrachten sollen, um aufzuwachen.[2] Wir leben alle in einem Traum, den die meisten unserer Mitmenschen mit uns teilen. Dieser gesellschaftliche Traum zeigt sich in den Bildern der postmodernen Werbung und in den schaurigschönen Bilderwelten von Film und Fernsehserien. Kreativität bedeutet, aus diesem kollektiven Traum zu erwachen, um seine persönlichen Träume zu erschaffen. Daher unterstützt dieses Buch den Mut zum eigenen Traum, denn ohne Mut keine Schöpferkraft. Wer sich mit zitternden Knien der Notwendigkeit beugt, der wird nie als Kreativer geehrt werden.

Freude am Chaos des Alltags

Der Wind des Chaos treibt uns aufs Meer der Möglichkeiten.

GRAFFITI, LIVERPOOL

Es geht »drunter und drüber«, der Überblick ist längst verloren. Was sehen wir plötzlich: die Lösung! Chancen zeigen sich oft in undurchsichtigen, verwirrenden Alltagssituationen. Der Nebel lichtet sich, und wir erblicken neue Ufer, neue Möglichkeiten.

Uromas Vermächtnis

Meine Urgroßmutter hatte einen großen Traum. Dieser Traum suchte sie für gewöhnlich unverhofft heim, vor allem zu Zeiten, als ihr Leben bitter war. Als ihr Geliebter blutjung starb, vermachte er ihr eine winzige Gärtnerei mit einem Gewächshaus, klein wie eine Puppenstube. Die »schöne Helene« – wie sie noch als Uroma genannt wurde – träumte in dunklen Nächten davon, wie sie die in Planung befindliche Eisenbahnlinie nutzen würde, um ihr selbstgezogenes Gemüse auf dem Berliner Markt zu verkaufen.

Helene war kreativ. Sie setzte eifrig und leidenschaftlich ihren Traum um. Als sie mit fast hundert Jahren mit einem Augenzwinkern starb, beherrschte sie den Großmarkt von Berlin und hatte ein kleines Imperium von Gärtnereien und anderen Geschäften aufgebaut. So entstand in unserer Familie der Mythos: »Bei uns ist man kreativ« (immerhin war auch ein Großonkel von mir beim Film).

Bin ich kreativ genug, nicht kreativ zu sein?

Diesen »Kreativlingen« hatte ich nachzueifern. Da ich keinen eigenen großen Traum hatte, mußte ich am Familientraum teilnehmen und etwas Besonderes werden. Mein Großonkel war inzwischen statt kreativ unglücklich geworden, da er zwar Anita Eckberg in nicht ganz unschuldiger Verehrung die Hand gedrückt, aber Brigitte Bardot nicht erkannt hatte, als er ihr persönlich begegnete.

Meine Großeltern sprühten förmlich vor Kreativität. Ein Projekt jagte das andere. Sie setzten ihre Lebensträume im Salonstil um, aber dann kam der Krieg, meine Mutter bekam mich – und alles ging bergab. Die berüchtigte »dritte Generation« nahm schüchtern den Vorsitz an der Familientafel unter dem Bild der Urahnin ein und träumte wie in Thomas Manns *Buddenbrooks* andere Träume.

Ich erahnte in zorniger Ablehnung dieser Familie meine eigene Kreativität. Immerhin bin ich wirksam auf kreatives Verhalten hin getrimmt worden. Wenn ich eine Frechheit witzig genug vertreten konnte, wurde die Strafe erlassen, ebenso wie bei originellen Streichen. Unter diesem Druck fiel mir freilich wenig Originelles ein. Meine schöpferische Leistung in diesen Jugendjahren war eine mehr oder weniger mißglückte Anpassung an das, was ich als normal betrachtete. Die Erziehung zur Kreativität wollte bei mir nicht unmittelbar fruchten. Der überkreativen Urgroßmutter war das egal. Sie brachte mir im Altenheim das Pokern und viele Tricks der Falschspieler bei. Heimlich tranken wir Cognac, sie legte ihr imposantes Höhrrohr ab und erzählte mir mit irritierendem Augenzwinkern Seeräubergeschichten.

Diese Erfahrungen prägten mich so, daß ich gegenüber einer Erziehung zur Kreativität skeptisch geworden bin. Müssen Kinder, die von Natur aus voller Einfälle und Ideen sind, auch noch von bemühten Erwachsenen zur Kreativität erzogen werden?

Ein Paradox: die Erziehung zur Kreativität

Was ist geschehen im Verlauf des Jahrhunderts, in dem diese Familiengeschichte geschrieben wurde? Geistesgeschichtlich wurde es mit einem kreativen Paukenschlag eröffnet: mit Freuds Traumdeutung. Dieses Jahrhundert träumte kollektiv den Traum der Befreiung von der Neurose, freilich ein Ideal, dem weder Freud noch seine Schüler nahekamen. Etwas später pflegte man nicht gerade kreativ vom klassischen zum alternativen Therapeuten zu wechseln: vom Arzt, dem schon lange keiner mehr traute, zum Heilpraktiker, der das Heil auch nicht brachte.

Und nun? Wir leben im posttherapeutischen Zeitalter. Die Herausforderungen unserer heutigen Zeit liegen in der Kommunikation und im Handeln. Statt angestrengt nach innen zu lauschen und seine »Macken« zu pflegen, will man Kontakt. Am Übergang zu einem neuen Jahrtausend haben wir zur Genüge nach Innen gelauscht und sollten die Fähigkeit der Nabelschau nun für den Hausgebrauch beherrschen.

Meine Idee: Man braucht keineswegs vor Gesundheit zu strotzen und fürchterlich fit zu sein, um glücklich zu werden. Glücklich wird man dadurch, daß man seinen Träumen folgt und so ein schöpferisches Leben führt. Glücklich ist derjenige, der vielfältig kommuniziert.

Hören Sie auf, sich emsig ändern zu wollen! Sie werden geträumt und träumen sich selbst und sind ein kreatives Lebewesen. Mit Ihnen ist alles in Ordnung. Therapie ist unnötig!

Beim Kommunizieren entsteht die Kreativität von selbst. Schon Heinrich von Kleist faszinierte es, wie unsere Gedanken und Ideen beim Reden langsam entstehen und sich schöpferisch entfalten. Genauso entstehen kreative Lösungen beim Handeln. Man kann Kreativität nicht erdenken und nicht erfühlen, sondern man entwickelt sie beim Handeln, dem Denken und Fühlen vorausgingen.

Der Nutzen der Kreativität

Kreativität gehört zu den Heilsworten unserer Zeit. Man fragt gar nicht mehr konkret nach ihrem Nutzen, sondern setzt ihn als selbstverständlich voraus. Der Begriff Kreativität steckt voller Versprechen – ob er diese einlöst, liegt an Ihnen!

Der Naive sagt: »Kreativität ist gut.« Der Weise sagt: »Kreativität ist Leben – jenseits von gut und böse.«

In der Zukunft wird man in unbekannten Situationen immer schneller richtig handeln müssen. Viele Prozesse werden außer Kontrolle geraten: Sie sind nicht mehr logisch steuerbar. Arbeitsplätze, Beziehungen, Pfründe und Einkommen sind nicht mehr sicher. Um nicht unterzugehen, brauchen Sie daher Ihre Schöpferkraft wie nie zuvor.

Kreativität hilft zu wissen, was man nicht weiß. Sie können sich mit kreativem Handeln in höhere Stufen des Wissens einklinken, wie beim Basteln die Zange zum Hammer werden kann. Kreativität ist eine Eigenschaft wie Freundlichkeit, Klugheit, Gehemmtheit oder Prüderie. Jeder besitzt sie, aber nicht jeder nutzt sie. Wir sind alle kreativ in dem Sinne, wie Joseph Beuys verkündete: »Alle

Mit Kreativität bewältigt man

- spielerischer
- leichter
- origineller
- erfolgreicher
- und oftmals schneller

die praktischen Anforderungen des Lebens. Das Leben wird abwechslungsreicher – und lustiger!

Kreativität macht Sie

- selbstbewußter
- ideenreicher
- phantasievoller
- angstfreier
- lernfähiger
- beweglicher
- offener
- direkter
- spontaner
- positiver
- bewußter
- glücklicher
- erfolgreicher
- individueller
- schneller
- unkonventioneller;

und Sie werden aufhören, sich an anderen zu messen. Sie werden Überraschungen lieben lernen, und Sie werden das Fingerspitzengefühl bekommen, eben den sechsten Sinn, den man »Intuition« nennt.

Menschen sind Künstler.« Der Unterschied besteht darin, daß die einen es glauben, die anderen nicht. Die es glauben, bewegen sich und die Welt mit ihren Ideen. Solche Menschen schufen die Swatch, das Internet und vieles mehr, was uns er- und anregt.

Glauben Sie mir: Sie sind kreativ! Das ist der erste und wichtigste Schritt zur Kreativität. Mit dieser Einstellung werden Sie originelle Einfälle haben.

Kreativität ist eine Eigenschaft, die Sie bereits besitzen

Dies ist ein Buch über die alltägliche Kreativität, die man braucht, wenn man ein Geschenk für eine liebe Freundin aussucht, bei der Partner- wie bei der Berufswahl, wenn man sich in einem Konflikt befindet oder ein vegetarisches Restaurant in einer fremden Stadt sucht. Kreativität braucht man überall. Sie ist das Salz in der Suppe des Alltagslebens.

Fehler, Nebenwirkungen, Risiken – die Packungsbeilage zum Buch

Wenn Sie in die Welt Ihrer Träume und Kreativität eintauchen, kann Sie das im ersten Moment verwirren. Doch das geht schnell vorbei. Wenn Sie Ihren Träumen kreativ folgen, mag die Welt für einen Moment chaotisch erscheinen. Machen Sie weiter! Angst zu haben ist falsch! Chaos ist Leben. Momente der Verwirrung lenken den Blick auf Neues. Danach folgt oft eine Phase, in der Sie sich megatoll finden. Sie würden am liebsten lautstark singen: »I am the Champion …« Mit dieser Stimmung sollten Sie sich nicht identifizieren; das wäre Größenwahn. Er macht einsam statt kreativ.

Bleiben Ihre kreativen Ideen nur Kopfgeburten, wird Sie das auf die Dauer frustrieren. Ihre kreativen Träume möchten umgesetzt werden. Sie werden wie Kinder so lange toben und nerven, bis Sie etwas mit ihnen machen.

Die wundersame Geschichte des Pfarrers zu Stiffkey oder Wie man munter seinen Kopf verliert

Die Gefahren der Kreativität zeigt die Geschichte des Pfarrers zu Stiffkey, die in meinem Dorf, etwas abseits in den Marschen, gern den staunenden Touristen erzählt wird. Man führt sie zum Grabe dieses weltberühmten Pfarrers, auf dem ein Rosenbusch verführerischen Duft verströmt, und beginnt die Geschichte so zu erzählen, wie man sie mir erzählte, als ich selbst vor zwanzig Jahren zum ersten Mal dort war:

In Stiffkey lebte in den vierziger Jahren ein attraktiver Pfarrer um die fünfzig. Ihm war verständlicherweise das Leben auf dem Lande etwas fad. So suchte er ein sinnvolles Betätigungsfeld. Was lag näher, als daß sich unser wackerer Pfarrer aufopfernd um gefallene Mädchen kümmerte, die er in London einsammelte, um sie in seine Pfarrei nach Stiffkey im schönen Norfolk zu bringen. Natürlich bekam diesen bedauernswerten Geschöpfen die Land- und Seeluft bestens. Das Pfarrhaus wandelte sich von einem verstaubten Anwesen zu einem Ort fröhlicher Betriebsamkeit.

Der Kirche jedoch war dieses kunterbunte Treiben draller Mädchen sowie ihres aufblühenden Gottesmanns ein Dorn im Auge. Kurzerhand setzte man ihn samt der Mädchen vor die Tür – übrigens trotz heftigen Protestes seiner Gemeinde. Und nochmals zeigte sich unser Pfarrer als wahrlich kreativer Mann: Er machte aus seiner Not eine Tugend, wechselte den Beruf und wurde zur vielbewunderten Zirkusattraktion. Er kam auf die verrückte Idee, seinen Kopf in den Rachen einer Tigerin zu stecken, um dann mit seiner »alternativen Predigt« zu beginnen. Zuerst zitierte er David in der Löwengrube, um dann seine eigene Geschichte zur Erbauung seines Publikums so naiv zu erzählen, daß sich keiner dem Charme der Vorstellung entziehen konnte. Dieser wurde nicht unwesentlich durch den gefährlichen Nervenkitzel gesteigert.

Seinem Faible für junge Mädchen blieb der Pfarrer treu, auch als er von einem amerikanischen Zirkus entdeckt wurde und durch den ehemals wilden Westen tourte. Mit über sechzig trat der Pfarrer mit seiner Geliebten, einer sechzehnjährigen Dompteuse, in Kalifornien auf, steckte wie gewohnt seinen Kopf in den Rachen der Tigerin und ...

Sie vermuten richtig, sie biß irgendwann zu. Man munkelte, daß die Dompteuse der Tigerin auf den Schwanz getreten sei. Aus Eifersucht?

Ich habe selten von einem derart drastischen und zugleich so erfolgreichen Berufswechsel gehört. Das nenne ich kreativ: vom Pfarrer zur Zirkusattraktion. Das stellt selbst die Geschichte von Professor Unrat in den Schatten. Aber trotz allen Erfolgs, die Geschichte enthält auch eine Warnung: Man nehme sich vor dem Tierischen in acht, das stets im Unbewußten lauert. Wehe dem, der den Kopf verliert! »Schöpferkraft« heißt nicht, daß man in den ozeanischen Tiefen des Unbewußten versinken soll. Der Verlust des Kopfes ist das Ende der Kreativität. Es darf gedacht werden! Denn Kreativität ist nicht *an sich* gut. Daß man kreativ ist, macht einen weder erfolgreich noch effektiv. Allerdings sind Erfolg und wirkliche Effektivität ohne Kreativität nicht denkbar. Kinder entwickeln äußerst kreativ Streiche, sind deswegen aber nicht erfolgreich in der Welt der Erwachsenen. Die Idee, gehäckselte und dehydrierte Tierkadaver an Rinder zu verfüttern, war eine äußerst kreative und erfolgreiche Idee – aber leider eine mit fürchterlichen Folgen.

Schöpferkraft paart sich mit Denken, um Großes zu erschaffen

Die Atombombe wurde von einem hochkreativen Team gebaut, moderne umweltbelastende Waschmittel und Designer-Drogen sind ebenfalls Ergebnisse ideereicher Einzelpersonen und Gruppen.

Doch trotz BSE und anderer Ungeheuerlichkeiten: Kreativität ist das Ferment, das unsere Wahrnehmung unserer selbst und der Welt erweitert und erneuert.

Die Gesellschaft geht sogar so weit, zu erwarten, daß schöpferische Menschen der Zukunft die Fehler kreativer Menschen aus Vergangenheit und Gegenwart auf gleichsam magische Weise ausbügeln werden. Die Geschichte lehrt: Die Kreativität von heute wird zur Bedrohung von morgen. Denken Sie an die Umweltverschmutzung, die Atomenergie, die berauschende Mobilität des einzelnen und die einfältige kulturelle Verflachung durch Medien wie das Fernsehen. Kreativität ist notwendig, wenn die Menschheit überleben will – aber kreative Lösungen bergen auch Gefahren in sich. Kreativität hat – leider – häufig unerwünschte Nebenwirkungen. Nur der Naive mag davor seine Augen verschließen.

Sicher jedoch bildet »wahre« Schöpferkraft ein notwendiges Korrektiv für eine Gesellschaft, die zur Versteinerung, Rationalisierung und Über-Ordnung neigt. Kreativität läßt unsere Gesellschaft nicht nur funktionieren, sondern sie ermöglicht auch ihre Weiterentwicklung.

Kreativität – ein ganz besonderer Bewußtseinszustand

Kreativität nutzt das Bewußtsein, auf daß das Leben bunter und aufregender werde. Viele »Kreativitätstechniken« bewirken eine bestimmte Bewußtseinsausrichtung. Man könnte auch sagen, Kreativität ist eine Gebrauchsanweisung für unser Bewußtsein. Es geht dabei eigentlich nicht um Techniken, sondern vielmehr darum, bewußt zu leben, auf daß Ideen uns finden mögen. Kreativität ist eine innere Einstellung. Erst sie kann Techniken wie das berühmte Brainstorming und alle anderen Methoden fruchtbar werden lassen. Man kann nicht unbewußt kreativ sein.

Die Ausrichtung unseres Bewußtseins ist dafür verantwortlich, ob Ideen und Informationen uns finden

Das Ziel ist, daß Sie Ihr Potential voll nutzen und nicht nur auf Sparflamme leben. Ein schöpferischer Mensch ist keine graue Huschemaus, sondern fragt sich: Wie kann ich das meiste aus mir, aus meinen Beziehungen und meiner Arbeit herausholen? Also kurzum: Wie mache ich mehr aus meinem Leben? Worauf soll ich mich konzentrieren? Klar doch: auf die eigene Kraft, die eigene Kreativität.

Wegweiser auf der gewundenen Paßstraße der Kreativität

Ich möchte Ihnen einen Traum erzählen, den ich einmal hatte: Ich sitze in einem gelben, offenen Auto und genieße das sonnig-warme Wetter. Die Straße steigt steil an und viele Haarnadelkurven sind bis zum erstaunlich hohen Gipfel zu bewältigen. Zunächst habe ich etwas Angst und schalte vor jeder Kurve mühsam bis in den ersten Gang zurück, doch auf diese Weise bin ich nur mit dem Schalten, Bremsen und Beschleunigen beschäftigt und bekomme nichts von der Landschaft mit. Oft kracht es im Getriebe, was mich ängstigt. Auf einmal habe ich die Idee, Vollgas den Berg hinaufzufahren, und freue mich an den quietschenden, rauchenden Reifen und den atemberaubenden Ausblicken. Immer wieder entdecke ich neue Berge und Täler, die ich nie zuvor gesehen habe. Die Landschaft wird geradezu märchenhaft – plötzlich habe ich den Gipfel erreicht.

Als ich aufwachte, war es mir klar: Gipfel erreicht man nicht mit konventioneller Vorsicht und erst recht nicht voller Angst. Kühnheit zeichnet den Gipfelstürmer aus. Entscheidet man sich für die Kühnheit, ist man fast schon oben. Das ist mein persönliches Bild für Kreativität: mit quietschenden Reifen freudig dem Gipfel entgegenzurasen.

Versuchen wir eine kurze Deutung dieses Traums: Die gewun-

Daß man auf dem »rechten Weg« ist, zeigen:

- Zufälle: »Es fällt einem etwas zu.« Man muß wachsam und bereit sein, es zu nutzen (Bewußtseinsarbeit!);
- Glück: Das Leben vereinfacht sich. Es wird als leicht und anregend empfunden;
- Verwicklungen schwinden: Man findet sich seltener in Beziehungen wieder, die einen blockieren und hemmen;
- Erfolg paart sich mit Spaß: Man freut sich seiner Erfolge, die nicht erzwungen werden;
- Synchronizitäten, Träume und Zeichen (Carlos Castaneda sprach von Omen): Träume inspirieren und helfen einem. Das Leben ist voller Ereignisse, Hinweise und Zeichen die das erhellen, womit man gerade beschäftigt ist.

dene Paßstraße ist ein treffendes Symbol für den Einfallsreichtum, der stets neue Ausblicke gewährt: Oben auf dem Gipfel hat man den Überblick, versteht die Zusammenhänge, sieht Verbindungen. Ich rase im gelben Kabriolett nach oben. Es ist diese Mischung aus Offenheit und Geschwindigkeit, die so typisch für schöpferische Gedanken ist. Der Gedanke wird seit ewigen Zeiten durch die Farbe Gelb symbolisiert. Gelb ist die Idee, Kommunikation, all das, was der goldgelbe Hermes den Griechen war. Also: Offenheit, Kommunikation und Schnelligkeit weisen mir den Weg zum kreativen Überblick.

Entspannt im Hier und Jetzt, findet keine Kreativität statt

Es gibt untrügliche Hinweise dafür, daß man auf dem kreativen Weg ist – und selbst wenn man auf Abwege geriete, könnte man auch oder gerade dort seine Kreativität entwickeln. Im Traum war es die unbändige Lust am Rasen, das Staunen über neue Perspektiven und darüber, daß es plötzlich einfach »bergauf« geht – alles Hinweise auf entfesselte Kreativität.

Schöpferisch zu sein und Ideen anzuziehen ist ein Paradox: Man braucht Druck und die Fähigkeit zum Spiel zugleich. Mein Lieblingsautor Paul Auster (Amerikaner, geboren 1947) meint gleich zu Beginn seiner Autobiographie, die er selbstironisch eine

»Chronik frühen Scheiterns« nennt, daß wir zur Kreativität herausgefordert werden, wenn wir unter Druck stehen.[3] Druck schafft Kreativität. Wird dieser Druck jedoch zu groß, verhindert er jeglichen kreativen Ausdruck – ebenso wie Angst.

Milder Druck wirkt jedoch Wunder! Wer kreativ durchs Leben gehen möchte, muß sich ständig ein wenig Druck machen, wenn ihn die Außenwelt nicht ohnehin genügend drückt.

Der berühmte Hollywood-Schauspieler Richard Burton, ein Routinier der Bühne, benötigte den Druck seiner Blase, um seine Rollen schöpferisch auszufüllen. Vor der Kamera und auf der Bühne erschien er besonders in seinen späten Jahren nur dann, wenn er eigentlich auf die Toilette mußte. Sein Schauspiel war groß, seine Hose oft naß. Der körperliche Streß war für ihn jener milde Druck, der Kreativität und Gewahrsein hervorbrachte.

Sinn und Erfolg im Alltag

Die Realität ist flexibler als wir denken.
Graffiti, London

Kreativität macht Spaß, sie ist alles andere als sachlich. Aus ihrer Perspektive ist unser logisches Denken absurd, weltfremd und, gelinde ausgedrückt, etwas blöd.
Weil wir in einer TraumChaosRealität leben, müssen wir zunehmend mehr im Alltag improvisieren. Wir denken aus Notwehr, wir sind schöpferisch aus Notwehr und bei all dem überraschen wir uns selbst. Solch ein Potential hätten wir uns gar nicht zugetraut. Und mit den Prozessoren unserer Computer werden wir dabei noch immer schneller – welch schöne neue Welt!

TraumChaosKreativität

Es ist oft die schlechte Angewohnheit schöpferischer Menschen, mit pathologischer Energie geistiges Neuland zu betreten.

THEODORE ROSZAK

Kreativität gehört zu dem Wenigen, auf das es wirklich ankommt. Ihr Leben wird abenteuerlicher werden, wenn sie schöpferisch sind. Ein jugendlicher Schwung wird zurückkehren, weil Sie aus der lähmenden Versicherungsmentalität aussteigen. Sie öffnen sich für das Unverhoffte, das unvermeidlich kommt – so oder so.

Wenn Ihnen diese Vorstellung jetzt kein behaglich-unbehagliches Kribbeln im Bauch bereitet, haben Sie noch keinen starken Kontakt zu Ihrer Kreativität. Das macht nichts – es wird sich bald ändern.

Aber keine Angst, Kreativität ist eine Lebenskunst, die zu betreiben Spaß macht. Sie macht die Meisterschaft des Lebens aus und führt dazu, daß Sie Sinn und Freude im Chaos des alltäglichen Lebens entdecken.[4] Ihr Alltag wird aufregender, Sie werden jeden Tag als ein Abenteuer erleben. Es wird Ihnen nie langweilig werden, wenn die Kreativität Sie erst einmal ergriffen hat.

Kreativität ist »in«. Seit einiger Zeit wird sie als magischer Schlüssel zur Behebung all unserer Irrungen und Verwirrungen angesehen. Da keiner weiß, wie unsere Zukunft aussehen wird – sie fällt frecherweise aus der Berechen- und Einschätzbarkeit heraus – mußte ein Zaubermittel her. Aus Abrakadabra wurde Kreativität.

Alle modernen Entwicklungen sind durch den »Prozeß eines schönen Chaos« gegangen, wie es der Zukunftsforscher Gerd Gerken ausdrückt.[5] Unsere Welt *ist* chaotisch – sie ist eine TraumChaosRealität. Chaos aber können wir nicht gut ertragen. Unwägbarkeiten verwirren, Chaos macht Angst. So sind wir eifrig bemüht, einen Sinn in dieses Chaos zu projizieren. Wir »denken aus Notwehr«. Wir betrachten am liebsten alles durch die Brille der Logik, um zumindest die Illusion von Kontrolle wahren zu können. Kreativität jedoch kann mit Chaos lässig umgehen. Sie ist ihm verwandt. Sie fühlt sich in den Welten chaotischer Träume und unwägbarer Wirklichkeiten zu Hause.

Wie man sich selbst überrascht

Kreativität ist eine Improvisation, die unserem Geist dazu verhilft, sich selbst zu überraschen

Der renommierte Harvard-Dozent John Kao trug vor kurzem vor, daß Kreativität dadurch entsteht, daß wir »etwas« in unserem Kopf ändern.[6] Da Kao ein Jazz-Fan ist, nennt er die neue Denkstrategie »Improvisieren«. Die Intelligenz der Zukunft ist für ihn eine improvisierende Kreativität, die voller Überraschungen steckt. Durch die Technik der Improvisation soll dem Geist geholfen werden, das auszudrücken, was er aufgrund seines derzeitigen Bewußtseins eigentlich nicht ausdrücken kann. Die Improvisation ist eine geistige Geburtshelferin.

Da man amerikanischen Zukunftsforschern indessen nicht so recht trauen kann – denn ihre Devise lautet meist »keep it simple« –, fragte ich eine Jazz-Saxophonistin. Sie kannte den Effekt, daß man sich durch die Improvisation selbst überraschen kann: »... aber ganz so chaotisch geht's dabei meist gar nicht zu. Da ist so viel zu lernen über die Ordnung der Töne. Erst wenn all diese Gesetze beherrscht werden, kann der Überraschungseffekt eintreten, der jedoch meist nur von Spezialisten bemerkt wird.«

Improvisation heißt im Alltagsleben, seinen Assoziationen zu folgen, die als verblüffende Ideen und frivole Einfälle daherkommen, um die Wirklichkeit zum Tanzen zu bringen.

Der feindliche Bruder der Improvisation ist die Logik. Beim logischen Denken bleibt der Verstand steril in seiner begrenzten konventionellen Welt gefangen. Doch hinter dieser kleinen Welt wirken viel größere Welten, die Jung als »Archetypen« bezeichnete (es sind sozusagen die grammatischen Gesetze hinter der Sprache des Lebens). Diese größeren Welten sind aber nicht mehr durch das logische Denken erfaßbar, da sie das Unbewußte und Überbewußte umfassen. Sie zeigen sich in der Intuition, im Traum, in der Meditation und der Kontemplation. Logik ist das angepaßte Kind dieses größeren Systems, das es mit seinem Bewußtsein nicht erkennen kann. Doch wenn unsere Intelligenz erfaßt, daß es etwas gibt, das über ihren Horizont hinausgeht, wird sie vor Schreck kreativ und entwickelt sich zu ihrem Bruder, der Improvisation.

Wird man sich seines Denkens bewußt, hat es am größeren, kreativeren Denken des Kosmos Teil. Das führt zu überraschenden Ergebnissen. Man sieht plötzlich das Größere und somit das andere. Diese Schau ist schöpferisch. Wenn wir innehalten, unsere konventionellen Denkgewohnheiten loslassen und uns öffnen, wird uns das nicht faßbare Größere berühren. Konstruktive Ideen werden uns finden.

Geschwindigkeitsrausch

Da alles sich rasant ändert, hat der menschliche Geist immer weniger Sicherheiten oder Gewißheiten. Das verunsichert uns zutiefst.

Die Welt ist und war niemals eindeutig, denn was wir im Moment als »Wirklichkeit« ansehen, ist nur eine vorübergehende Erscheinung der TraumChaosRealität. Das menschliche Denken ist relativ. Vom Absoluten sprechen nur Fanatiker und Diktatoren. Eine typische Gewißheit des 20. Jahrhunderts war die Überzeugung der Ärzte,

Alles fließt, erkannte Heraklit. Daß alles schneller und schneller fließt, bemerken wir erst heute die sagten, daß man wegen des Cholesterinspiegels besser weniger Butter essen sollte. Einige Zeit später sagten sie, daß es ungünstig sei, den Buttergenuß einzuschränken, da viele Vitamine fettlöslich sind. Auf viele Zeitgenossen wirken die Strömungen der Zeit willkürlich. Was bleibt ihnen anderes übrig, als alles einzusetzen und sich kühn dem Zufall hinzugeben?

Wann immer die Gesellschaft sich in einer Krise befindet, wird der Ruf nach Kreativität laut. Denn Mittel und Wege, welche ironischerweise die schöpferischen Ideen der vorigen Generationen waren, bieten heute keine Lösungen mehr. Das mechanistische Weltbild, das die geistige Welt des Mittelalters ablöste, war die kreative Befreiung von der Irrationalität einer vom Aberglauben geprägten Gesellschaft. Heute jedoch behindert diese Weltsicht ein Denken in noch größeren und komplexeren Zusammenhängen. Die zunehmende Umweltverschmutzung zeigt deutlich, daß unsere Welt nicht wie eine Maschine funktioniert!

Was lebendig ist, folgt nicht der Logik einer Maschine – sonst gäbe es keine Kreativität. Maschinen und selbst Computer sind nicht kreativ – höchstens erstaunlich schnell.

Die große und die kleine Kreativität

Die große Kreativität schafft etwas, das es noch nie zuvor in dieser Weise in der Menschheitsgeschichte gegeben hat. Die kleine Kreativität schafft etwas, das es noch nie zuvor in dieser Weise in der persönlichen Geschichte des jeweiligen Individuums oder einer Gruppe gegeben hat.

Große Kreativität:
beneidenswert,
wer frei davon.
Kleine Kreativität:
beneidenswert,
wer voll davon

Verheerende Nebenwirkungen begleiten oft die »große Kreativität«. Albert Einsteins Relativitätstheorie und Robert Oppenheimers ideenreiche Teamführung ermöglichten den Bau der ersten Atombombe. Sigmund Freuds Psychoanalyse ließ uns das ganze 20. Jahrhundert über den Menschen einseitig als sexuelles Wesen betrachten. Die Entwicklung des Verbrennungsmotors läßt uns heute am ständig zunehmenden Verkehr ersticken, Handys nerven uns selbst noch auf der Toilette, und die chemische Industrie vergiftet die Umwelt und den Menschen. Wo wir auch hinschauen, unter der großen Kreativität von gestern leiden wir heute.

Glücklicherweise treten solch verheerende Nebenwirkungen bei der »kleinen Kreativität« von Lieschen Müller und Otto Meier äußerst selten auf.

Die große Kreativität wurde ursprünglich dem Schöpfergott zugesprochen. Sie war zunächst das Privileg der Götter, dann der Halbgötter und Helden, und heute nehmen wir es für uns selbst in Anspruch. Der Mensch emanzipierte sich. Er aß vom Baum der Erkenntnis – aber trotz der Befreiungstat Evas bleibt unsere Alltagskreativität bescheiden in ihren Auswirkungen.

Der Beitrag des einzelnen ist zwar notwendig, aber der einzelne ist von anderen abhängig, die vor ihm waren und ebenso von den Zeitgenossen, die seine Kreativität beklatschen. Bei der persönlichen Schöpferkraft geht es nicht so sehr um die gesellschaftliche Anerkennung als vielmehr darum, daß man sich selbst das Leben einfacher und schöner macht. Ich sinne beispielsweise, während ich den Küchenboden wische, darüber nach, wie ich den Haushalt vereinfachen könnte.

Think cosmic!

Die Zeit der großen kreativen Einzelpersonen ist vorbei. Darwin, Einstein, Freud und Dali waren kreative Genies. Heute ist die große Kreativität eher eine Gruppenleistung wie die Besteigung des Everest. In Amerika lautet der Slogan: Think cosmic! Sei kreativ im Einklang mit dem Kosmos. Hegel hatte schon ein paar hundert Jahre zuvor die Zusammenarbeit mit dem Weltgeist empfohlen – und die beginnt für Sie bei Ihrer Familie, Ihren Freunden und Mitarbeitern.

Einstein bemerkte, daß der moderne kreative Mensch die kosmische Absicht zu seinem Partner macht. Diese kosmische Absicht drückt sich in vielen Menschen aus, mit denen man zusammenkommt, zusammen denkt und zusammen fühlt. Es sind die Menschen, die einen inspirieren, wie der weißbärtige Weltumsegler auf der Party neulich und mein Freund Michael, der keinen Schmerz scheut. Von diesen Menschen geht ein Zwang aus, ehrlich auf sie zu reagieren – da bleibt keiner cool. Für einen Moment erwacht man und versteht sein eigenes Spiel – zumindest bis zum nächsten Drink.

In diesem Buch geht es also um die »kleine Kreativität« – nicht um die große, gefährliche, an der man sich leicht die Finger verbrennen kann. Diese kleine Kreativität entfaltet sich bei der Bewältigung von Alltagsproblemen durch »Menschen wie du und ich«. Die Reparatur Ihres Autos ohne entsprechendes Werkzeug, die gelungene Organisation Ihres Haushalts trotz beruflichem Streß, die Lösung unseliger Beziehungsprobleme – das sind Felder, in denen Sie Ihre Kreativität erleben, entwickeln und genießen können. Ihre individuelle Kreativitätsnote ist gefragt!

Unterschätzen Sie die »kleine Kreativität« nicht. Im Leben des einzelnen oder kleiner Gruppen ist sie etwas sehr Großes. Einen Streit mit seinem Partner zu schlichten mag gesamtgesellschaftlich unwesentlich sein, für Sie beide kann es der Entdeckung Amerikas gleichkommen.

Was hilft

Arbeit fördert Kreativität

Wenn Sie wirklich kreativ werden wollen, sollten Sie mit diesem Buch *arbeiten*: Streichen Sie mit unterschiedlichen Farben und Markern an, was Ihnen gefällt und was Ihnen mißfällt. Schreiben Sie am Textrand Kommentare, Ideen und Kritik auf.

Lesen Sie das Buch langsam. Beantworten Sie die Fragen. Und: Lassen Sie sich vom Text verwirren. Fühlen/denken/»intuieren« Sie beim Lesen. Der Text wird Erinnerungen und Gedanken in Ihnen aufsteigen lassen, er wird Ablehnung und Begeisterung in Ihnen hervorrufen. Seien Sie sich dessen bewußt. Lassen Sie sich innerlich berühren – und lesen Sie mit Vergnügen weiter.

Es gibt viele Arten der Kreativität. Eine neue wissenschaftliche Theorie zu entwickeln oder Ihre Küche bunt anzustreichen ist genauso kreativ wie die Gestaltung des Kindergeburtstags oder die Schlichtung eines Streits. Finden Sie Ihre Art der Kreativität heraus. Was ist Ihre Besonderheit, Ihre Stärke? Es bringt Sie kaum weiter, Mozart, Einstein oder Freud nachzueifern.

Kreativität – der Kuß der Muse

Und wer küßt die Muse?
Frage eines mitfühlenden Altphilologen

Unter Kreativität verstehen wir vieles. Es gibt nicht eine oder die Kreativität, sondern viele Formen kreativen Ausdrucks. Die Erklärungen und Definitionen von Kreativität spiegeln kulturelle, ökonomische und zeitgeistige Strömungen wider. Es ist fürchterlich kontrakreativ, nur eine Meinung über Kreativität gelten zu lassen.

Kreativität, was ist denn das?

Kreativität ist der Prozeß,
in dem man mit unzureichender Information
erfolgreich handelt.

HINWEIS VON MARTIN

Kann man Schöpferkraft definieren? Oder ist Kreativität wie die Liebe: für jeden etwas anderes?

Ich schlage schwere Bücher auf: Kreativität bezeichnete ursprünglich das Vermögen, etwas zu erschaffen. Ich bin enttäuscht, mehr nicht? Die Amerikaner, die ihre »creativity« heiß und innig lieben, bezeichnen diese als Intelligenz, die der Intelligenztest nicht erfaßt. »Sie ist einfach notwendig, um produktive Neuerungen zu schaffen«, erklärte mir einmal mit jungenhaftem Charme ein New Yorker Straßenmaler. Daß er seine »creativity« als »easy, mind blowing, groovy« und »cool« bezeichnet, ist wohl als sprachliches Lokalkolorit zu sehen. Wie bieder und hausbacken kam ich mir da vor, als ich ernsthaft zu erklären ansetzte, daß Kreativität weitgehend ein Lernen aus Fehlern sei. Seine Antwort: »Deswegen liegt Europas Kunst im Sterben: Ihr könnt euch einfach nicht auf neue Bedingungen einstellen – zu langsam, zu unkreativ!« Als ich ihn schüchtern fragte, ob er Sir Francis Galton, den berühmten Cousin von Charles Darwin, gelesen habe, der ähnliches vermutete, verläßt er mich kopfschüttelnd. Jetzt ist ihm klar: Europa – ärmliche Provinz im reichen Land der Ideen.

Kreativität ist Schöpferkraft, die jenseits des Verstandes liegt

»Wenn keine Fehler auftreten, ist das ein Zeichen dafür, daß weder Neues noch Originelles versucht wird!« ruft er mir noch mit »fuck you«-Geste zu.

Sollte Kreativität die Fähigkeit sein, spontan und schnell viele unterschiedliche Ideen zu produzieren? Ich mag es nicht glauben.

»Kreativität stellt den Gegensatz zur Routine dar. In der deutschen Sprache ist dieses Wort erst seit knapp fünfzig Jahren geläufig.« So klärt mich eine Kunstlehrerin mit Anspruch auf.

Als das Leben zunehmend von der Routine beherrscht wurde, rückte die Kreativität als revolutionäre Kraft ins Bewußtsein. Sie wurde nicht mehr nur den Künstlern, sondern jedem zugestanden. Die Postmoderne überzeugt pragmatisch: Sie liebt die problemlösende Wirkung der Kreativität. Problemlösung hilft dem Menschen, seine Denkrichtung zu ändern und nichts anderes ist kreativ!

»Kreativität an die Macht!«
Forderung der Studentenbewegung der sechziger Jahre

Mir schwirrt der Kopf. Was ist nun kreativ?

Lou Andreas-Salomé oder Die Wiederkehr des Unbekannten

Nach der russischen Psychoanalytikerin Lou Andreas-Salomé (1861–1937) ist der Mensch ein kreatives Wesen, da sein Unbewußtes ständig Neues, Originelles – kurzum atemberaubend Kreatives produziert. Unser Unbewußtes ist die leitende Art-directrice unserer Kreativitätsproduktion, die niemals ruht. Da Lou Andreas-Salomé uns zusammen mit Shackleton und Tesla – deren Bekanntschaft Sie später noch machen werden – durch dieses Buch begleiten wird, möchte ich sie Ihnen kurz vorstellen.

Stellen Sie sich Lou als wunderschöne Frau mit verträumtem Blick und vollen sinnlichen Lippen vor. Sie ist unübersehbar selbstbewußt, und sie ist es gewohnt, geliebt zu werden.

Zar Peter würdigt ihre Geburt mit einem Glückwunschtelegramm. Ihr Vater, General Gustav von Salmomé, liebt seine Tochter zärtlich – genauso wie ihre Lehrer, die nicht nur von ihrem wachen Geist bezaubert sind. Als typische Vatertochter – wie viele kreative Frauen – beschreibt sie in frühen Erzählungen, wie sie ihre Macht über die Männer in ihrer Umgebung genoß.

Lou ist klug. Als sie im Alter von 22 Jahren Nietzsche trifft, ist sie schon erstaunlich belesen und verkehrt in St. Petersburg,

Zürich und Rom in avantgardistisch-intellektuellen und revolutionären Kreisen. Sie träumt »von einem vollkommen freien Leben«, in dem Unabhängigkeit der höchste Wert ist. Diesen Lebenstraum verwirklicht sie als angebetete Geliebte von Geistesgrößen wie Nietzsche, Rilke und Röntgen, als Schriftstellerin, Psychoanalytikerin und Freud-Freundin.

Und dennoch heiratet sie. Freilich ist diese Verbindung alles andere als konventionell. Wie könnte es auch anders sein, bei einer Frau, der der Ruf voraueilte, Nietzsches Heiratsantrag abgelehnt zu haben. Der Erwählte ist Friedrich Carl Andreas, dessen Abstammung von einer deutsch-malaiischen Mutter und dem Prinzen Bagratuni aus Istfahan genauso exotisch ist wie sein Leben abenteuerlich. Als Anhängerin von Henrik Ibsen ist ihr die Ehe suspekt, da sie ihrer Meinung nach wenig Platz für Selbstverwirklichung läßt[7]. Lou führt ihr unkonventionelles Leben der inneren und äußeren Reisen weiter, um nicht ihre persönliche Kreativitätsnote einer biederen Frauenrolle zu opfern.

Man trifft sie in Paris, Berlin, Zürich, München, Venedig und Rußland, wo sie ihre Sehnsucht auslebt, in eine Vielfalt von Rollen zu schlüpfen. Sie spielt mit Nähe und Ferne zu den Männern, die ihr reihenweise zu Füßen liegen. Sie schreibt romantische und skandalöse Erzählungen, in denen die Psyche der Protagonisten im Vordergrund steht.[8] Sie gibt sich dem Spiel des Augenblicks hin und lebt damit ganz nach der Philosophie des Impressionismus, mit dem sie ihr Freund Hugo von Hofmannsthal bekannt macht. Auf ihren Rußlandreisen mit Rilke sucht sie das Einfache und Naive. Und dann kommt Freud mit seiner Psychoanalyse, dieser angefeindeten Wissenschaft von der komplexen Seele!

In engem Kontakt mit Sigmund und Anna Freud entwickelt Lou Thesen über die grundsätzliche seelische Verschiedenheit von Mann und Frau, wobei sie in kreativen Menschen eine innere Verwandtschaft zum Weiblichen sieht. Beide haben für das Alogische und die Harmonie einen ausgeprägten Sinn.

Lou läßt sich nicht vereinnahmen, weder von Männern noch von der aufblühenden Frauenbewegung. Sie ist geradezu hellsichtig in ihrer Ablehnung der Gleichberechtigung, in der sie die Anpassung der Frau an männliche Werte sieht. Mit nietzscheanischer feiner Dialektik vertritt Lou den ketzerischen Standpunkt, daß der Mensch sich letztendlich von seiner eigenen Emanzipation emanzipieren müsse. Außerdem, fügt sie hinzu, müßten Mann und Frau sich schon allein wegen der sexuell-erotischen Spannung zwischen ihnen klar voneinander unterscheiden.

Der »Spezialfimmel« Lous war der Narzißmus, den sie bei all den Kreativen ihrer Umgebung und bei sich selbst zur Genüge kennengelernt hatte. Aber was ist der Kreative ohne Selbstliebe?

Lous Leben strotzte vor Kreativität. Dennoch ist sie, wie viele schöpferische Menschen arm gestorben.[9] Die große Kreativität ist ein Kind der Unsicherheit und Konflikte – nicht für den geeignet, der sich ein bequemes Leben wünscht. Kreativität ist nur ein anstrengendes Spiel, sie garantiert nicht einmal einen hohen Gewinn! Dennoch können wir von Lou lernen, wie wesentlich es ist, den eigenen Weg unbeirrt zu gehen und sich zugleich von den Strömungen der Zeit inspirieren lassen.

Wenden wir uns jetzt der kleinen alltäglichen Kreativität zu, der solche Radikalität fremd ist.

Neu, neuer, am neuesten: Ansichten über Kreativität

Kreative Ideen sind ein Meisterstück der Assoziation.

Robert Frost

Kreativität ist ein Wort, das voller Versprechen und Geheimnisse steckt. Den gefühlsbetonten Dichter Frost fasziniert es genauso wie professionelle Kreativitätsforscher, wissenschaftliche Psychologen, Maler und Manager.

Der Begriff »Kreativität« springt uns von jeder Litfaßsäule an. Erstaunlich ist, daß ihn bislang keiner anwenderfreundlich definiert hat. Kreativität ist benutzerunfreundlich.

Doch zumindest bei den Formulierungen, was Kreativität sein könnte, ist man seit eh und je äußerst ideenreich gewesen. Der Kopf brummt mir schon von all den unterschiedlichen Definitionen, die sich bei näherer Betrachtung allerdings wenig voneinander unterscheiden.

Der Kreativitätsforscher B. Johannson versteht unter Kreativität »die Fähigkeit eines Individuums oder einer Gruppe, phantasievoll, assoziativ und gestaltend zu denken und zu handeln, um dadurch mit bewußten oder unbewußten Zielen etwas Neues zu erreichen und hervorzubringen.«[10] Nichts anderes meinten eigentlich auch der Maler im Central Park und der Dichter Robert Frost.

Kreativität: ein Versprechen, ein Geheimnis, eine Verführung, ein Mythos

Die meisten Erklärungsversuche und Definitionen von Schöpferkraft münden jedoch in kontra-kreatives Wortgeklingel. Sie sagen nur etwas, das jeder sowieso schon weiß – allerdings mit bisweilen erschreckendem Pathos. Da werden die Phantasie oder die Intuition beschworen, und natürlich muß möglichst etwas Meganeues produziert werden. Doch gibt es eigentlich noch wirklich Neues in unserer schnellebigen Zeit – außer in unseren Träumen?

Meine Erfahrungen mit dem herbeigesehnten Neuen sind indes nicht so erquicklich: Neues macht mir Angst, es setzt mich fürchterlich unter Druck wie all die Updates der Computerprogramme, wie neue Handys und die neue deutsche Rechtschreibung. Das Neue scheint mein Leben stets nur komplizierter zu machen. Kann ich das Neue endlich genießen, ist es längst schon überholt vom Noch-Neueren. Das nervt mich dann schon wieder.

Sprungbrett
Fällt Ihnen spontan etwas Neues ein, das Sie in den letzten Tagen wahrgenommen haben?
Falls ja: Hat es Ihr Leben vereinfacht oder gar lustiger gemacht?

Neues gibt es in den nächtlichen Traumwelten. Unser Unbewußtes schafft sich spielerisch Abwechslung, um nicht an Langeweile zu sterben. Lou wußte um unser kreatives Unbewußtes. Ihr eigenes Leben hat das zwar keineswegs vereinfacht – aber sicher war es aufregender als das der meisten von uns.

Im Traum erleben wir vollkommen Neues, im Tagesbewußtsein dagegen faszinieren uns neuartige Kombinationen von Bekanntem. Unser Tagesbewußtsein ist so konservativ, daß es wenig mehr als das neue Alte ertragen kann. Aber wie ein Kind spielt es selbstvergessen mit diesem neuen Alten. Es freut sich, wenn im neuen Computerprogramm die bekannten Fenster wieder auftauchen, wenn uns im fremden Land bekannte Wegweiser auf beruhigende Weise leiten.

Wirklich kreative Leistungen und Produkte sind meistens gar nicht so neu. Oft sind sie geschickte Kombinationen von schon Bekanntem. Die Erfindung der Nähmaschine war eine ebensolche Puzzlearbeit wie die Evolutionstheorie. Auch in unserem eigenen Alltagsleben sind es Lösungen, Einfälle und Ideen, die nur »halbneu« sind, unser Leben aber vereinfachen und erfolgreicher machen. Wirklich Neues ist so selten, daß die Werbung es dauernd beschwören muß. Da gibt es das »neue« Mega-Wasch, das so wenig neu wie besser ist, den »neuesten Computer«, der einschüchternd viel kann und sich wie das neueste Handy als Statussymbol eignet. Aber ist das alles wirklich neu? Und wollen wir überhaupt richtig Neues?

Wenn Sie lustiger, einfacher und gar noch erfolgreicher leben wollen, verwechseln Sie diesen Neuigkeitswahn bitte nicht mit Kreativität. Eine kreative Idee kombiniert Altbekanntes auf neuartige Weise und bildet verblüffend einfache Lösungen, auf die man zuvor einfach nicht gekommen ist.

Der Mensch ist zuwenig kreativ, um die Mechanismen der Kreativität zu verstehen

Um kreativ kombinieren zu können, benötigen Sie viele unterschiedliche Informationen, sonst stehen Sie ohne Material da. Sammeln Sie Wissen und Informationen, mit denen Sie spielen können. Sie finden sie, wo Sie gehen und stehen!

Wissen ist nicht nur Macht, es ist auch schöpferisch. Die Gnostiker gingen davon aus, daß die Kreativität darin liege, alles zu wissen, was Gott weiß. Dann hat der Mensch sein Ziel erreicht: Er ist zum Schöpfer, zum kreativen Übermenschen geworden. Mit solchen Meinungen freilich landete man früher auf dem Scheiterhaufen, heute vielleicht auf der Couch eines Therapeuten.

Aufgrund seiner biologischen Ausstattung kann der Mensch nicht alles wissen. Er ist wegen seiner Gehirnstruktur gar nicht in der Lage, göttlich kreativ zu sein – aber das ist für die Alltagskreativität auch gar nicht nötig!

Kreativität im Alltag

Beschreibungen der praktischen Kreativität im Alltagsleben sind meist wohltuend knapp gehalten. Sie wird als die Fähigkeit, seiner Intuition zu folgen, beschrieben. Alltagskreativität ist verblüffend einfach: Sie spüren, daß Frau Meier schwierig ist, und stellen sie nicht ein, obwohl ihre Zeugnisse und Selbstdarstellung brillant sind. Statt dessen ziehen Sie Frau Müller vor, die keinerlei Branchenkenntnis zeigt und jahrelange Lücken im Lebenslauf hat. Sie spüren es einfach: Frau Müller tut Ihrem Team gut.

Der Kreative folgt seiner Intuition. Er überwindet seine Angst vor Fehlern. Er handelt nach seinem Gefühl und nimmt dabei auch Fehler in Kauf. Und genau das scheint der Schlüssel zur Alltagskreativität zu sein.

»Kreativität ist der Geist der Bewegung.« Mit diesem Satz wachte ich heute Morgen munter auf. »Der Geist der Bewegung«, geht es mir durch den Kopf, als ich gedankenverloren mein Müsli löffle.

Jeden Morgen Quäker's Special mit Banane und griechischem Yoghurt abwesend in sich hineinlöffeln – da kann von Bewegung keine Rede sein. Ein paar Weintrauben dazuzumischen und bewußt schmecken, das wäre zumindest ein erster Minischritt, den Morgen kreativer zu beginnen.

Alle Kreativitätsforscher sind sich darin einig, daß Kreativität immer auch Beweglichkeit bedeutet, weil Erstarrung jeden Hauch von Schöpfergeist sogleich verscheucht. Kreativität bewegt etwas im Alltag, als Ausdruck eines dynamischen Geistes.

»Wo sich nichts rührt, da gibt es keine Kreativität«, bemerkt treffend mein innerer Kritiker, um mich in Schwung zu bringen. Indem ich mich ausgiebigst recke und strecke, kommt mir endlich die Idee, wie ich jetzt weiterschreiben kann. Schnell laufe ich in den Garten und pflücke mir ein paar frühreife Erdbeeren. Dann geht es an den Computer. Jetzt bewegen sich nur noch Geist und Finger.

Kreativitätsforschung

Die Erforschung der Kreativität begann Mitte des 20. Jahrhunderts – also vor einer halben Ewigkeit nach den Maßstäben unserer heutigen Zeit. Wie haben wir uns das vorzustellen? Vielleicht so: Wir befinden uns in dem noch computerlosen Büro einer großen amerikanischen Werbefirma. Hektisch geht es zu – ist das die eben beschworene Beweglichkeit? Zwischen rennenden Boten, ausgeflippten Fotografen, schnibbelnden Layoutern am Leuchttisch und ständig brabbelnden Textern wird der Mythos Kreativität geboren. Und der ist natürlich »made in USA«, für Europäer atemberaubend modern. Vorher war man zwar auch kreativ, hatte aber kein Bewußtsein davon und keine wohlklingend vielversprechenden Definitionen dafür.

Zu Beginn der Erforschung der Kreativität huldigt man beiderseits des Atlantiks dem romantischen Mythos des kreativen Individuums. Man hofft auf Genies. Die Art-directoren zwischen München und New York stylen sich wie eine illustre Mischung aus Beethoven und Graf Dracula – und wie immer ganz in Schwarz, als ob das ein Garant für Genialität wäre …

Kreativität hadert mit Bewußtsein, keineswegs ist sie jedoch nur unbewußt

In den wilden Endsechzigern bricht dann die Kreativität aus den Werbebüros aus, um die Straßen zu bevölkern und Frau und Herrn Jedermann zu infizieren. Im Privatleben – ob in der Beziehung oder allein, bei der Wohnungseinrichtung, der Freizeit oder im Personal

Styling – Kreativität ist angesagt. Hier kann sich jeder bewähren. Da streicht das jungverliebte Paar mit avantgardistischen Schwammtupfern die neue Wohnung, der Vater repariert hingebungsvoll mit dem Messer die elektrische Eisenbahn seines Jüngsten, und die Hausfrau zaubert schnell ein buntes Überaschungsessen aus den Resten der letzten Woche. Die einen halten das für die einzig wahre, die praktische Kreativität, die anderen können hierin nur schnödes Rollenverhalten entdecken.

In einem Punkt jedoch sind sich alle Kreativitätsforscher einig: Jedem kreativen Prozeß liegt die Fähigkeit zugrunde, Beziehungen herzustellen, die im Bewußtsein zuvor nicht existiert haben. Diese können dann erfolgreich angewandt werden. Kreativität gründet auf analogem Denken, das heißt, auf der Fähigkeit, innere Gemeinsamkeiten zwischen auf den ersten Blick getrennten Erfahrungen, Erscheinungen und Geschehnissen zu finden.

Der Vater benutzt zur Reparatur der Eisenbahn nach dem Frühstück schnell das Messer statt des Schraubenziehers. Seine Erfahrung mit dem Messer beim Essen überträgt er auf die Schrauben, die einen schmalen Schlitz aufweisen.

Der kleine Sohn hat es richtig erfaßt, wenn er protestierend meint: »Das Messer ist für die Butter da, nicht für meine Eisenbahn!« und etwas übertrieben schreit: »Eh, du verschmierst meine Lok!«

Bisweilen sind die Erwachsenen eben kreativer als die Kinder. Doch meist gelingt es unseren Jüngsten, Unverbundenes miteinander zu verbinden. Da wird der Löffel beim Essen zum Flugzeug, das Messer zur Brücke zwischen zwei Tassen.

Das allein jedoch macht noch keinen kreativen Akt aus. Was das Kind als kreativ erlebt, braucht es für den Erwachsenen noch lange nicht zu sein. Dieser zittert eher um die frisch gewaschene Tischdecke oder befürchtet voller (berechtigter) Angst, daß gleich die Kakaotasse umfallen wird.

Persönliche Kreativität ist subjektiv. Ihr Kind ist anders kreativ als Sie!

Männer sind anders kreativ als Frauen, Handwerker anders als Intellektuelle. Jugendliche gar stellen die Oldies ganz in den Schatten, der kreative Zeitgeist ist auf ihrer

Seite. Lou war fasziniert von der Kreativität »verrückter« Künstler, die sie anregten, so daß sie als kreative »Anti-Therapeutin« in die Annalen der Analytiker einging.

Was für mich kreativ ist, kann für Sie also ein alter Hut sein. Das weiß ich, seitdem ich kürzlich darauf gekommen war, mit der Scheckkarte meine Wohnungstür zu öffnen. Als ich es stolz meinen Freunden erzählte, winkten sie nur müde ab. Diesen Trick kannten sie schon lange.

Dennoch: Aller Individualität zum Trotz unterliegt die Kreativität auch allgemeinen Gesetzen. Wäre das nicht der Fall, wäre sie nur Spinnerei. Doch davon später mehr.

Sprungbrett
Um Ihre eigene, persönliche Kreativitätsnote zu finden, sollten Sie sich fragen: Mit welcher inneren Haltung kann ich meine Alltagskreativität unterstützen? Dazu ein Tip: Lässigkeit und heitere Gelassenheit sind bei kreativen Handlungen immer gefragt. Diese Haltung ist erlernbar. Öffnen Sie sich, und befreien Sie sich von der Last Ihrer persönlichen Geschichte! Dann wird Ihnen alle Kreativität, die Sie brauchen, zufliegen. Mit Angstfreiheit laden Sie Kreativität zu sich ein.

Kreativität und Erfolg

Wenn ich meine Gedanken und Beobachtungen niederschreibe, bin ich dann kreativ? Bin ich kreativ, wenn ich mich an meine Träume erinnere? Meinen Sie, daß jemand nur dann kreativ ist, wenn er erfolgreich ist? Sollte also der Markt über Kreativität oder Nicht-Kreativität bestimmen?

Der amerikanische Kreativitätspapst Mihaly Csikszentmihalyi sagt zur letzten Frage entschieden: »Ja!« Ich setze ihm ein entschiedenes »Nein!« entgegen. Ist es nicht erschreckend unkreativ, die Kreativität einzig an den Markterfolg zu binden? Zumindest bei der Alltagskreativität spielt der Markterfolg keine Rolle. Es zählt der kurzfristige Erfolg: Sohn kommt mit seiner Eisenbahn, Vater repariert sie mit dem Messer. Sohn schreit nicht mehr. Die Tür schlägt zu. Ich öffne sie mit der Scheckkarte und freue mich.

Sofortige Lustbefriedigung, das macht uns mächtig an – und feuert uns zu kreativen Lösungen an. Kreativität ist der Erotik eng verwandt. Da ist größte Spannung angesichts der geschlossenen Wohnungstür. Es muß etwas geschehen, sofort! Die Idee der Scheckkarte kommt als Punkt ohne Wiederkehr und klick! die Wohnungstür springt auf. Sesam hat sich geöffnet, ich atme auf, bin glücklich, ganz entspannt.

Kreativität ist an Lust gebunden: Sie schafft Befriedigung – jetzt! Statt langen Bemühens, statt mühsamen Herumfummelns kommt die Lösung wie auf Zauberwort. Schöpferkraft schafft lustvollen Erfolg.

Sprungbrett
Sehen Sie das Streben nach lustvollem Erfolg als ein Spiel an. Es ist nötig, um kreativ zu sein, denn ohne Erfolgswillen stellt sich keine Kreativität ein.
Und ohne Lust ist Kreativität nichts wert.

Zu meiner großen Verwunderung ist mein Freund Ray in der Lage, mit einem Stückchen Draht und einer rostigen Haarspange den Außenbordmotor meines Boots auf hoher See zu reparieren, als ich schon gerade die Seenotrettung herbeirufen will; meine Nachbarin zeigt mir, wie man mit dem Haarföhn verblüffende Effekte bei der Aquarellmalerei erzielen kann.

All das ist keine »große« Kreativität. Der Erfolg ist zu subjektiv, gesellschaftlich unerheblich. Aber es ist ein großes Glück, daß es die kleine Kreativität gibt. Was wäre das Leben ohne sie?

Kreativität ohne Lust ist keine Kreativität

Ein wenig innerer Druck fördert und fordert – wie schon gesagt – unsere kreativen Möglichkeiten. Wettbewerb ist bis zu einem gewissen Maße kreativitätsfördernd, aber wenn es nur noch um Erfolg und Gewinnen geht, wird sich jegliche Kreativität sogleich verflüchtigen, und der Herzinfarkt droht.

Wo der Erfolg ist, da ist auch der Ruhm nicht weit. Ruhm eignet sich jedoch schlecht als Zeichen für Kreativität. Der Unkreative kann berühmt werden – machmal auch der Kreative. Viele schöpferische Menschen wurden niemals berühmt oder nur bekannt – zumindest nicht zu ihren Lebzeiten. Es sind die modernen Medien, die uns weismachen wollen, daß Ruhm, Erfolg und Kreativität eng miteinander verbunden sind.

Sprungbrett
Halten Sie Ihr Bewußtsein in Empfangsbereitschaft, damit es kreative Ideen produzieren und aufschnappen kann! Kreativität schaltet man keineswegs nur ein, wenn man ins Büro geht oder wenn Probleme Sie erschlagen. Wenn Sie sich für Überraschungen offenhalten, wird die Muse Sie küssen. Vertrauen Sie darauf, daß Sie kreativ sind!
Fragen Sie sich:

- Welche Konsequenzen hat es für Sie, wenn Sie ab heute hochkreativ sind?
- Was heißt das für Sie konkret?
- Was bedeutet das für Ihr Lebensgefühl? Lassen Sie Ihrer Phantasie freien Lauf!

Kreativität als Lebensstil

Kreativität ist die Schwarzgeldversion von Wissen.

EIN STEUERBERATER

1927 schrieb G. I. Gurdjieff (1866–1949) seinen pseudo-autobiographischen Roman *Treffen mit bemerkenswerten Menschen.*

Dort findet der Leser gleich zu Beginn eine erstaunliche Passage: Bei ihrem Tod gab Gurdjieffs Großmutter ihrem Enkel als Vermächtnis das folgende mit: »Tue nie etwas, wie andere es tun!« Gurdjieff mußte ihr als Junge versprechen, dieser Maxime zu folgen. Er behauptete – zu meiner Verwunderung –, dieses Versprechen sein Leben lang nie gebrochen zu haben.

Das Land wurde zu einem gigantischen Werbespot. Einkaufen wurde zur kollektiven Selbstfindung

»Tue nie etwas, wie andere es tun!« oder gar noch radikaler (wie es ein zeitgenössischer Gurdjieff-Lehrer formulierte): »Tue nie etwas, was andere tun!« scheint eine Forderung zu sein, die einen Menschen leicht unter hohen Leistungsdruck stellen kann. Aber wenn wir von Kreativität als Lebensstil sprechen, geht das in diese Richtung. Da ich ein schlechter Schüler meines radikalen Gurdjieff-Lehrers bin und stets versuche, mir das Leben nicht zu schwer zu machen, werde ich pragmatisch vorgehen und diesen Satz kurzerhand ändern: »Hinterfrage jede Konvention, und schau, ob es nicht noch eine bessere Lösung gibt.«

Wenn diese Haltung Ihr Leben prägt, wird Kreativität Ihren Lebensstil bestimmen. Aber gestehen Sie sich ruhig auch zu, bisweilen bieder und konventionell zu sein. Man kann nicht vom Aufstehen bis zum Einschlafen und außerdem noch in der Nacht immer voller Ideen sein.

Im Christentum ist das Bild vom breiten und vom schmalen Pfad beliebt. Kreativität ist der schmale Pfad. Dieser soll bekanntlich zur Befreiung führen – wobei Befreiung im wahrsten Sinn des Wortes heißt, daß man unter weniger Zwängen und (meist selbstformulierten) Gesetzen leidet.

Kreativität ist der westliche Befreiungsweg. Sie setzt Achtsamkeit, die Wurzel jeder Spiritualität, voraus. Der Kreative handelt möglichst wenig mechanisch, und deswegen handelt er oft anders als andere. Er befreit sich, indem er selbst zum Schöpfer wird. Dadurch bekommt er mehr Freiheit im Wahrnehmen, Denken und Handeln, ja selbst im Fühlen. In diesem Sinn stiftet Kreativität stets zum Unkonventionellen an.

Es gehört zu meinem Lebensstil, daß ich häufig über ungelöste Probleme spreche. Meine Eltern haben mir zwar beigebracht, daß man so etwas nicht tut, dennoch fröne ich diesem Narzißmus. Ich brauche ihn, denn in Gesprächen mit anderen gelingt es mir, die Dinge klarer wahrzunehmen und damit den erforderlichen Freiraum zu schaffen. Wenn ich laut spreche, kann ich meine Gedanken besser entwickeln, denn da schweife ich nicht ab zur Einkaufsliste oder zum nächsten Termin. Außerdem muß ich das zu lösende Problem so darstellen, daß andere es verstehen. Dabei begreife ich es selbst, oder ich erkenne zumindest neue Dimensionen dieses Problems. Wer wenig kommuniziert, hat meistens Schwierigkeiten, zu kreativen Lösungen zu gelangen, weil kein Mensch alles aus sich selbst heraus schöpfen kann.

Es gibt immer eine noch bessere Lösung. Wer sie sucht, der findet sie

Zum kreativen Lebensstil gehört es auch, gern und viel zu lesen und zwar alles mögliche: Romane, Sachbücher, die Zeitung, Gedichte und selbst Theaterstücke. Lesen ist eine Art intimes Zwiegespräch. Beim Lesen bekomme ich die meisten Ideen.

Sprungbrett
Probieren Sie es einmal aus, einen Monat lang eine Stunde täglich Fachfremdes zu lesen und seien es Micky-Maus-Heftchen.

Jeder Kreative läßt sich von anderen anregen. Ich schaue zunächst in Nachbars Garten, bevor ich selbst einen Garten anlege – aber Achtung! Ich kopiere nicht. Ich verdaue die Eindrücke und lasse mich inspirieren. Indem mir schöpferische Lösungen in einem Buch, Garten oder im Gespräch begegnen, habe ich weitere kreative Einfälle. Es ist ein Grundgesetz der Kreativität, daß kreative Ideen weitere kreative Ideen anziehen.

Auf sich bauen mit Selbstvertrauen

Eine Klientin von mir sagte es klar: »Wenn ich zweifele, ob meine Verliebtheit in Karl in Liebe und eine feste Beziehung münden wird, gibt es nur zwei produktive Möglichkeiten für mich: Entweder ich verdränge den Zweifel und lasse mir durch ihn nicht das schöne Beisammensein vermiesen, oder ich nehme den Zweifel als Anlaß, diese Beziehung zu verbessern. Der Zweifel sagt mir, was ich verbessern muß, er dient als Wegweiser.«

Solche lebenspraktischen Ansätze führen zu kreativen Lösungen – und das nicht nur bei Beziehungsproblemen.

Sprungbrett
Ein kreativer Lebensstil bedeutet auch, seine Zweifel niedrig oder produktiv zu halten: Entweder Sie lassen Ihre Zweifel nicht zu, oder Sie versuchen sie als Antrieb zu nutzen, um neue Lösungen zu finden.

Zum schöpferischen Lebensstil gehört Selbstvertrauen. Ohne Selbstvertrauen kann man nicht kreativ handeln. Denn man traut sich nicht, vom Gewohnten abzuweichen. Unsicherheit frißt Kreativität!

Selbstvertrauen dagegen fördert die Kreativität und umgekehrt – das ist ein sich verstärkendes Wechselspiel.

Die Grundlage des Selbstvertrauens ist Selbstbewußtsein. Sich seiner selbst bewußt zu sein, kann man gut im alltäglichen Leben üben, indem man zu bestimmten mit sich selbst verabredeten Zeitpunkten kurz innehält und sich verdeutlicht, was man gerade denkt, empfindet und spürt.

Unsicherheit verhindert Kreativität. Selbstvertrauen ermöglicht Kreativität

Die Selbsterinnerung (siehe Seite 164) ist ein geeignetes Sprungbrett, Ihr Selbstvertrauen zu stärken.

Selbstvertrauen ist die hervorstechende Eigenschaft schöpferischer Menschen. Sie sind meist freundlich, tolerant und können gut zuhören: ein Zeichen von unerschütterlichem Selbstvertrauen. Kreativität fördert das Selbstvertrauen, da man erlebt, daß man sogar (oder gerade) auch Unvorhergesehenes produktiv nutzen kann. Alles im Leben wird als Tür zu neuen Räumen erlebt und genutzt. Man leidet weniger an einengenden Ängsten. Man fühlt sich frei, wie es sich im nächtlichen Traum eines meiner älteren Klienten zeigte, der sich in einem Raum befand, dessen Wände sich langsam auflösten.

Das voraussagende Gehirn

Unmöglich ist's, drum eben glaubenswert.
GOETHE, FAUST II

Kreativität verbindet uns mit den Mustern der Zukunft und dem unerschöpflichen Potential der Chancen. Deswegen hat der Kreative meist Glück und Erfolg, er ist dem Trend voraus. Wenn Sie jetzt mit dem Lesen innehalten, ruhig werden und sich fragen, was Sie in fünf Jahren an einem Tag wie diesem tun werden, wird sofort eine Antwort auftauchen. Entweder sehen Sie Bilder, oder es tauchen Worte auf, die Ihnen sagen, was sein wird.

Der Kreative lebt in der Zukunft wie im Traum

Der Kreative hat solche Voraussagen stets unbewußt im Kopf. Die Zukunft ist für ihn schon heute, sie überrascht ihn nicht.

Sprungbrett
Beschäftigen Sie sich jeden Morgen mit Unwahrscheinlichkeiten, das hält gedanklich fit und kreativ.
Was wäre, wenn Sie heute morgen für die Umsetzung Ihrer Lieblingsidee mit fünf Millionen DM gesponsert würden?

Parallele Welten

Wie der Lachs den Fluß hinauf, so schwimmen wir der Zukunft entgegen und ahnen, wo wir hinwollen. Die Zukunft erscheint dem schöpferischen Menschen als Impuls, Inspiration, Traum oder Vision. Sie ist die Kehrseite von Furcht und Kleinlichkeit. Ein kleinlicher Geist kennt keine Zukunft; für den Kreativen ist sie der andere Film im Kopf, der Drang der Intuition.

Sprungbrett
Versuchen Sie in mehreren Filmen oder Universen zugleich zu Hause zu sein, denn eine Welt inspiriert die andere, Starrheit ist gar nicht erst möglich. Ich sitze jetzt im Zug und schreibe. Links von mir sehe ich die beiden Spitzen des Kölner Doms. Der Schaffner kommt vorbei. Es riecht nach billiger Limonade. Ich befinde mich in der Welt des Zuges, in der jeder mit sich selbst beschäftigt ist. Man will ankommen, spricht über Verspätungen. In dieser Welt bin ich hinter der Zeit zurück. Außerdem befinde ich mich in der Welt dieses Textes hier, den Sie gerade lesen. Ich stelle mir vor, wie Sie diese Seite aufschlagen, ob es zu Hause im Bett ist, in der U- oder S-Bahn oder auf dem Sofa. In diesem Universum bin ich meiner Zeit weit voraus, denn bis das Buch in den Buchhandlungen liegt, werden gut und gerne noch einige Monate vergehen.

Dann gibt es noch das Universum, das wie ein Film hinter dem Fenster vorüberfliegt und die Vergänglichkeit der Welt dokumentiert. Die häßliche Industrielandschaft geht in eine ländliche Idylle über, das Atomkraftwerk wird durch die romantischen Burgen des Rheins abgelöst: Alles ändert sich in dieser Welt, die meine Gedanken fliegen läßt.

Zwischen den Stühlen sitzend, sieht man mehr

Kreativität ist der Standpunkt zwischen den Welten. Von hier aus kann man in die Zukunft blicken.

Wenn Sie öfter versuchen, sich die Filme, in

denen Sie gerade leben, bewußtzumachen, können Sie sich nicht nur verblüffender Perspektiven erfreuen, es macht Sie auch selbstbewußter. Sie bekommen mehr mit. Und wer mehr mitbekommt, ist kreativer.

Zeit ist eine Illusion

Ihr Telefon klingelt. Sie wissen, wer am anderen Ende der Leitung ist.

Sprungbrett
Trainieren Sie es: Wenn Ihr Telefon klingelt, halten Sie kurz inne und überlegen, wer Sie anruft. Bevor Sie es wirklich wissen, »wissen« Sie es schon.
Das gleiche können Sie beim Empfang von Briefen, Nachrichten (SMS) und E-Mails machen.

Sie sind Ihrer Zeit voraus. Sehen Sie in die Zukunft – vergessen Sie die Vergangenheit! Der Blick zurück, den das psychoanalytische Zeitalter kultivierte, brachte nicht die versprochene Befreiung – was schon C. G. Jung bemerkt hat.

Sir Ernest Henry Shackleton – das Unerfahrbare erfahren

Vorhin haben Sie die unwiderstehliche Lou Andreas-Salomé kennengelernt, nun möchte ich Sie mit einem in ganz anderer Weise kreativen Menschen bekannt machen, der mir ebenso wie Lou Andreas-Salomé imponiert hat: Sir Ernest Shackleton (1874–1922). Er war schon als Jugendlicher von dem Wunsch beseelt, die Südpolarregion zu erforschen. Er wollte das Unerfahrbare erfahren, das nie zuvor Gesehene sehen. Damit drückte er exakt den heldenhaften Anspruch derjenigen aus, die sich zur großen Kreativität berufen fühlen. Dieser mächtige Antrieb ließ ihn 1901–1904 an der berühmten Expedition Robert Falcon Scotts in die Antarktis teilnehmen. Als Marschgefährte Scotts lernte er schnell all die praktischen Fähigkeiten, die er später auf seinen eigenen Expeditionsfahrten so inspiriert einsetzte.

Shackleton wurde zugleich zum Meister der großen und kleinen, besonders aber der sozialen Kreativität, die er vor allem auf seiner letzten Fahrt mit der Endurance 1914–1916 bewies. 1915 wurde sein Schiff vom Eis des Weddellmeeres eingeschlossen, und Shackleton führte ein einfallsreiches Programm aus Rätselraten, Liedersingen, Vorlesen, großen Essen und wissenschaftlichen Vorträgen ein, um seine Männer bei Laune zu halten. Die Tagebücher seiner Mannschaft und auch sein eigenes zeigen, wie er spontan auf jede unerwartete Situation intuitiv richtig einging.[12] So schuf er eine Gruppe, die unter den schwierigsten Bedingungen zu höchsten Leistungen in der Lage war. Seine Idee, die Platten mit den Fotos dieser Expedition in Metallkanister einzuschweißen, hat der Nachwelt eindrucksvollste Expeditionsaufnahmen überliefert, die mehr als einen Hauch davon vermitteln, wie auf dieser Fahrt ständig unglaublich phantasievoll improvisiert wurde.

> Männer gesucht für gefährliche Reise. Sichere Rückkehr zweifelhaft. Bei Erfolg Ruhm und Ehre[11]

Als die Endurance 1915, vom Packeis zerdrückt, sank, entschlossen sich Shackleton und fünf seiner Männer mit dem kleinen Rettungsboot James Caird die stürmische Überfahrt von der unbewohnten Elefanten-Insel nach Süd Georgien über 700 Seemeilen zu wagen. Diese Überfahrt wäre wohl ohne die Fülle genialer Problemlösungen nicht gelungen und gilt als eine der größten seefahrerischen Leistungen überhaupt.

Shackleton ist der einzige Südpolarforscher seiner Zeit gewesen, der nie einen Mann verloren hat. Seine praktische Kreativität, gepaart mit Mut, verblüffte jeden, der ihn kannte. Der Zeitgeist war jedoch gegen ihn: Als Shackleton nach England zurückkehrte, waren Kriegshelden gefragt und keine abenteuerlichen Forschungsreisenden. So starb er 1922 vereinsamt und verarmt – wie so mancher Veteran der Antarktis.

Besonders imponiert hat mir Shackletons Haltung, als sein Schiff im tödlichen Packeis versank: Ohne Gefühlsregung, nicht einmal aufgeregt, bemerkte er: »Das Schiff und die Ausrüstung sind verloren – laßt uns also nach Hause gehen.«[13]

Shackleton wandte sich in diesem dramatischen Augenblick spontan der Zukunft zu. Denn er »wußte«: Wenn er jetzt nicht alle seine Energien der Zukunft widmete, würden seine Männer und er nicht überleben. Es war seine hervorragende Stärke, nicht der Vergangenheit nachzuhängen. So handelte er auch Jahre zuvor, als er die Chance hatte, als erster den Südpol zu erreichen. Ihm wurde klar, daß er seine Mannschaft nicht mehr würde zurückbringen können, und so drehte er um – ohne Verbitterung.

Man blickt in die Zukunft, indem man die Vergangenheit losläßt!

War Shackleton der Praktiker, so erforschte Jung theoretisch den Blick in die Zukunft. Je älter er wurde, desto mehr interessierten ihn die Archetypen, jene überpersönlichen Strukturen, die im tiefsten Keller unserer Psyche – dem kollektiven Unbewußten – zu Hause sind.

Wer die Zukunft nicht erwartet, kann sie nicht sehen

Auf die Entdeckung des für die Kreativität notwendigen »Organs« kam Jung durch einen Traum: Er ging darin durch die Etagen seines Hauses, in dem er zu seiner Verwunderung unter dem Keller noch einen weiteren Keller fand, in welchem uralte Knochen lagen. Dieser Traum war der Schlüssel zur Entdeckung des kollektiven Unbewußten.

Die Ebene des kollektiven Unbewußten ist zeitlos. Deshalb wirken die Archetypen zu jeder Zeit gleich. Auch die Kreativität – zu der das »Vorab-Wissen« gehört – ist zeitlos. Sie baut auf den Archetypen auf, die jenseits zeitlicher Begrenzung aus dem kollektiven Unbewußten heraus wirken. Dieses kollektive Unbewußte ist jene »innere Festplatte«, auf der alle Erfahrungen der Menschheit abgespeichert sind – und damit all unsere Möglichkeiten, ob sie sich verwirklicht haben oder (noch) nicht.

Das kollektive Unbewußte ist der Ideenpool, dem unsere Träume und unsere Einfälle entspringen. Mit dieser tiefsten Schicht Ihres Unbewußten können Sie einen Kontakt herstellen, indem Sie sich entspannen und auf Ihr Inneres hören. Wie bei dem Experiment mit den Telefonanrufen, Briefen und E-Mails klar wurde, können Sie jenseits zeitlicher Begrenzungen in die Zukunft wie in die Vergangenheit blicken. Shackleton war es sonnenklar, wann er bei seinen Expeditionen umkehren mußte, selbst wenn Ziel und Ruhm noch so sehr winkten. Allerdings können Sie natürlich nur im begrenzten Maße in die Zukunft blicken: Die Lottozahlen und die Aktienkurse werden Sie wahrscheinlich kaum vorher erfahren ...

Das kollektive Unbewußte als Hort der Kreativität öffnet sich nur dem, der reinen Herzens ist, der nicht auf einseitige Bereicherung und seinen eigenen Vorteil aus ist. Die Schätze des kollektiven Unbewußten offenbaren sich dem, der allen fühlenden Wesen helfen will. Oder – um wieder auf die Zeit zurückzukommen: Dem, der reinen Herzens ist, schlägt keine Stunde. Denken Sie an die Menschen Ihrer Umgebung, die Hilfe benötigen, und Ihnen werden kreative, hilfreiche Ideen zufliegen. Wer sich selbst der Nächste ist, der wird die inspirierende Kraft seiner Träume jedoch nur schwerlich erleben. Ihm bleibt das kollektive Unbewußte verschlossen, und deswegen ist er meist leicht geneigt, es als Spinnerei abzutun.

Sie erinnern sich: Wir nehmen nur das wahr, worauf wir unsere Aufmerksamkeit richten. Seitdem die Existenz des kollektiven Unbewußten bekannt ist, können wir – unter den genannten Voraussetzungen – den Blick in die Zukunft wagen. Was vorher anrüchig war, ist nun akzeptabel, und daher können wir uns ihm öffnen. Diese Öffnung ist ein unverzichtbarer Teil der Kreativität, denn diese schaut nach vorn und kümmert sich selten nur um Altes.

Die Zukunft offenbart sich uns, wo wir gehen und stehen. Der Kreative nimmt das wahr.

Visionen für jeden

Nichts Neues geschieht ohne eine vorausgehende Vision. Ohne Vision gibt es keine persönliche und ebensowenig eine geschäftliche Zukunft.

Wenn Sie nicht wissen, was Sie in Ihrem Leben erreichen wollen, werden Sie zu einem Spielball der Zufälle – und Sie werden nichts erreichen. Erfolgreiche Unternehmer und Industrielle wie Henry Ford wurden von Visionen getrieben, die sie ernst nahmen.

Wer etwas Neues schaffen möchte, muß seine Träume leben

Eine Vision zeigt auch uns »kleinen Kreativen«, wo unsere Energien hinfließen (wollen), denn nur dort können wir erfolgreich etwas bewegen. Indem man seiner Vision folgt, wird man erwachsen und emanzipiert sich. Und auch hier geht es um Selbstvertrauen: Vertrauen Sie Ihrem höheren Selbst und dem kollektiven Unbewußten, dem Sie Ihre Visionen und Träume verdanken.

Maxwells Traumvision

Wie der verzweifelte Dr. Faust so bekam auch Clark Maxwell (1831–1879) um Mitternacht in seinem gotischen Zimmer im Trinity College zu Cambridge seine Natureinsicht. In einem visionären Traum erschienen ihm die mathematische Hexe und auch gleich »Mutter Natur« höchstpersönlich.

Maxwell sah sich in diesem Traum als wissenschaftlich hoch geehrte Person. Er wußte, er hatte etwas Einzigartiges geleistet. Vor ihm lagen Papiere voller mathematischer Zeichen. Die Formeln und Zahlen verwandelten sich in kleine Wesen, die emsig die Richtigkeit seiner Berechnungen prüften. Dann kam der große Auftritt der furchtbaren mathematischen Hexe, die alle alten Formeln neu ordnete, worauf eine Lichtgestalt erschien, die Maxwell bedeutete, daß er jetzt die Feldkräfte mathematisch

Wer etwas völlig Neues schaffen möchte, muß seine Träume ändern erfaßt habe. Maxwell erwachte erregt. Ihm war sogleich klar, daß es ihm gelingen würde, Faradays Feldbegriff soweit auszuarbeiten, daß er die Akzeptanz des wissenschaftlichen Establishments erränge. Die Hexe hatte ihm die Vision von der mathematischen Gestalt des Feldbegriffs geschenkt. 1864 veröffentlichte Maxwell seine *Dynamische Theorie elektromagnetischer Felder,* welche die Physik des 20. Jahrhunderts grundlegend prägen sollte. Die mathematische Hexe hatte zugeschlagen! Maxwell konnte seine Vision gar nicht in all ihren Implikationen erfassen – das gelang erst Albert Einstein.

»Könnte alles, was ist, Feldenergie sein?« war die Frage, welche die Feldtheorie aufwarf, um fünfzig Jahre später von der Quantentheorie mit einem entschiedenen »Ja!« beantwortet zu werden.

Erfolg im Alltag hängt davon ab, wie genau man sich die Lösung eines Problems vorstellen kann. Erfolg im Leben hängt davon ab, wie klar man sich seine eigene Zukunft vorstellen kann. Kreativität ist an diese Vorstellungsfähigkeit gebunden. Wird eine latent vorhandene Vorstellung von unserer inneren Schöpferkraft aufgegriffen, kann wie bei Maxwell oder bei Lou Andreas-Salomé ein visionärer Traum vor unserem inneren Auge aufleuchten, der nach Umsetzung verlangt.

Aber wie kommen Visionen zustande? Und wie können wir ihr Zustandekommen unterstützen? Visionäre Träume und kreative Einfälle werden unbewußt inszeniert, wenn die rechte Gehirnhemisphäre sich mit der linken austauscht. So kommt die vielzitierte ganzheitliche Wahrnehmung zustande.

Die linke Gehirnhemisphäre[14] ist zuständig für

- intellektuelles und folgerichtiges Denken (besonders für Logik)
- die Analyse von Fakten
- Bewertungen
- Unterscheidungen
- Sprache
- Detailwahrnehmungen

Die rechte Gehirnhemisphäre ist zuständig für
- intuitives Erfassen einer Situation oder Aufgabe
- bild- und symbolhaftes Denken[15]
- assoziatives Verknüpfen
- ganzheitliche Gestaltwahrnehmung (Formwahrnehmung)
- Synthese

Jede unserer beiden Gehirnhälften zeigt uns eine andere Welt – innen wie außen. Sie sind durch die Brücke (*Corpus callosum*) verbunden. Der ideale Kreative reist ständig über diese Brücke von der einen zur anderen Seite. Aus den männlichen Welten der linken Hemisphäre zieht es ihn in die weiblichen der rechten. Ist er dort, zieht ihn das Männliche wieder zu sich hinüber. Bisweilen gelingt ihm der bewundernswerte Trick, an beiden Orten zugleich zu sein.[16]

Frauen halten sich meist gern rechts der Brücke auf, während Männer in der Regel die linke Seite vorziehen. Frauen gelingt es häufiger, beide Gehirnhälften zu verbinden. Der alte Freud hätte sich hier bestätigt gefühlt: Alles folgt der Anatomie. Man könnte auch sagen: Frauen sind auf natürliche Weise kreativ, weil sie sich mental und emotional leichter öffnen. Das eint sie mit der kleinen Gruppe der erfolgreichsten Manager des ausgehenden 20. Jahrhunderts. Dennoch sind diese Manager meist keine Frauen. Warum wohl?

Kreativität vermeidet die Krankheit des halben Denkens

Da Inzucht bekanntlich zu nichts führt, sollten Sie sich unbedingt Freunde aus der anderen Gruppe suchen. Ihre Kreativität wird es Ihnen danken.

Halten wir fest: Beide Gehirnhälften ergänzen sich – einseitig rechtshirnige, verrückte Ideen und Gefühle bringen uns daher genauso wenig zu erfreulichen Lösungen wie einseitige, logische Analysen. Unsere Gesellschaft freilich zieht linkshirnige Strategien vor. Die Natur weiß es besser: Sie hat mit dem Gehirn ein multifunktionales Organ und damit ein hervorragendes Werkzeug zur kreativen Lebensbewältigung geschaffen.[17]

Kleiner Test: links- oder rechtshirnig?
Denken Sie eher links- oder rechtshirnig? Linkshirnige Denker halten spontane und intuitive Menschen für hysterisch, irrational, für ungeeignet, berufliche und private Alltagsprobleme effektiv zu lösen – kurzum, sie halten sie für Spinner. Rechtshirnige Denker dagegen halten »Linkshirnis« für langweilige graue Mäuse, uninspiriert, kalt und unerotisch. Sie meinen, daß diese Menschen auf Sparflamme leben, und würden es als Verkauf ihrer Seele ansehen, so zu werden wie diese Linkshirnis.
In welcher Gruppe erkennen Sie sich wieder?

Geglückte Lebensbewältigung

Christa änderte ihr Leben durch TraumChaosKreativität. Sie handelte rechts- und linkshirnig zugleich und deswegen erfolgreich. Christa folgte ihrem Traum.

Christa, eine ausgebildete Altenpflegerin, wurde arbeitslos, da eine große Pflegedienstorganisation, bedingt durch Mißmanagement, die Gehälter der Fachkräfte nicht mehr zahlen konnte. Sie analysierte zunächst den Stellenmarkt. Es schien gar nicht so schlecht auszusehen. Qualifizierte Altenpflegerinnen waren gesucht. So wurde sie zu einer Reihe von Vorstellungsgesprächen eingeladen.

Sie wußte nicht warum, aber sie fühlte sich bei keiner der in Frage kommenden Stellen wohl. Nach einiger Zeit des Überlegens verstand sie, was ihr Unbehagen verursachte. Es war die deprimierende Tatsache, daß die siechen Alten und Sterbenden trotz aller engagierter Abeit, trotz immer höherer Kosten zunehmend schlechter versorgt wurden. Da kam ihr völlig unerwartet eine Vision: ein neues Managementkonzept für Pflegedienste und Spendenbeschaffung. Sah sie nicht bei allen großen Pflegediensten eine Vetternwirtschaft wie im 19. Jahrhundert? Dort fehlte jegliches vernünftige Management, so daß die Pflege zu einer Art Verwahrung durch

Visionen folgen Überlegungen wie der Schatten der Sonne

Aushilfskräfte wurde. Christa wurde richtig wütend darüber, wie das Geld hinausgeschmissen, statt planvoll eingesetzt wurde. Die Vision vervollkommnete sich, als sie aufgrund eines Traums nach England fuhr, um ein solches Management zu studieren.

Christa träumte, daß eine Fähre sie ans andere Ufer bringt. Es ist das bewaldete Ufer einer grünen Insel, wo sie von einem nicht unattraktiven Mann im grünen High-tech-Sportwagen mitgenommen wird. Während der Fahrt managed er spielerisch seine Termine am Bordcomputer und streichelt ihr mit brennender Geduld die linke Brust. (Genauso erzählte sie ihren Traum.)

Es ist nicht verwunderlich, daß Christa aufgrund eines Traums nach England fuhr. Dieser angenehme Traum brachte sie darauf, ihren Blick nach England zu richten. Mit dem Traum hatte Christa die dritte Stufe des im nächsten Kapitel folgenden Kreativitätsmodells erreicht: Der Schlaf hatte die bewußte Beschäftigung mit ihrem Problem unterbrochen und ihr die Welt der rechten Gehirnhälfte erschlossen.

Es zeigt sich, daß die Analyse der Situation allein (also das linkshirnige Denken) Christa nicht weiterbrachte. Sie mußte erst »ins Gefühl gehen« und ihrer Wut Ausdruck verleihen (rechtshirnige Reaktion), um eine Lösung in Form einer Zukunftsvision und eines Traums zu finden. Wäre sie nur im Intellekt oder nur in ihrem Gefühl geblieben, hätte sie wahrscheinlich verbittert aufgegeben. Erst die Verbindung der Fähigkeiten beider Gehirnhälften brachte die Lösung!

Und heute ist Christa eine europaweit gefragte Spezialistin, die äußerst sinnvolle Arbeit leistet!

Das Treffen zweier Gehirnhälften

Die rechte und die linke Gehirnhälfte können wie zwei Persönlichkeiten gesehen werden, die am Konferenztisch zusammenkommen müssen, um sich gegenseitig zu einer Zukunftsvision zu inspirieren.[18] Genaugenommen, sollte noch der Temporallappen an dieser Konferenz teilnehmen, sie sogar leiten. Denn der Temporallappen mit seinen beiden Helfern (*Hypocampus* und *Amygdala*) ist dafür verantwortlich, daß alle Teile unseres Gehirns miteinander verknüpft werden, wodurch das Wahrgenommene mit Sinn versehen werden kann. Und dieses Potential können wir durch die im nächsten Kapitel geschilderte Traumarbeit aktivieren.

Die Ordnung der Kreativität

Aus Eins mach Zehn,
Und Zwei laß geh'n,
Und Drei mach gleich,
So bist du reich.
Verlier die Vier!
Aus Fünf mach Sechs,
So sagt die Hex'.

Goethe, Das Hexen-Einmaleins (aus *Faust*)

Ich schaue gedankenverloren aus dem Küchenfenster, zupfe an der Zitronengeranie, genieße ihren südländischen Duft. Plötzlich küßt mich die Muse. Es ist doch klar, wie ich meine Ideen in diesem Buch präsentieren werde. Daß ich nicht schon vorher darauf gekommen bin!

Nur in schlechten Romanen scheint es so, als komme die bezwingende Idee einfach aus dem Nichts über einen. In unserem

Alltagsleben dagegen folgt die Kreativität ganz bestimmten Gesetzmäßigkeiten. Ob die Ordnung der Kreativität dem Hexen-Einmaleins entspricht, wie Goethe vermutete?

Fünf Schritte zur Kreativität

In jedem schöpferischen Prozeß können wir fünf Stufen unterscheiden. Sie reflektieren die geheimnisvolle Struktur, der die Kreativität folgt. Dabei kommt es nicht darauf an, ob Sie eine neue Kosmologie entdecken, ob Sie Ihre Küchenschränke streichen, sich mit Ihren Kindern neue Spiele ausdenken, ob Sie den Tisch festlich decken oder einen frechen Artikel schreiben wollen. Es ist immer der gleiche Ablauf, der kreative Leistungen hervorbringt!

1. Das Problem erkennen

Zunächst müssen Sie bemerken, daß es überhaupt ein Problem gibt. Denn natürlich werden Sie sich erst dann aufmachen, eine Lösung zu suchen. Formulieren Sie das Problem so klar wie möglich, denn ein deutliches Problembewußtsein fördert Ihr kreatives Potential. Nur wenn Sie wissen, was Sie ändern wollen, können Sie es auch ändern. Wissen Sie es nicht so genau, werden Sie auch etwas ändern – nur nicht unbedingt Ihr Problem!

Christa formulierte: »Die Arbeit in der Pflege deprimiert mich.« Nachdem sie das Problem erst einmal auf den Punkt gebracht hatte, zog sie auch kreative Lösungen an. Diese Phase bestimmt die Richtung des kreativen Prozesses und legt somit den Grundstein für die optimale Lösung.

Lou Andreas-Salomé sah ein Problem: Freuds Redekur wirkte nicht bei Künstlern. Künstler wurden durch die Analyse impotent – übrigens nicht nur im künstlerischen Sinn, was Lou sehr bedauerte. Zwei mögliche Lösungen drängten sich auf: Die Methode der Psychoanalyse mußte geändert werden, was nur über die Leiche Freuds möglich gewesen wäre. Oder Künstler gehörten wie die Irren (so betitelte man die Psychotiker damals) zu denjenigen, bei denen die Analyse verheerende Wirkungen zeigte.

2. Die rechten Vorbereitungen treffen

Nun sollten Sie sich eingehend mit dem Problem beschäftigen. Das ist Arbeit! Faulheit bringt keine Lösung, erst recht keine kreative. Aber keine Angst, nach dieser Phase dürfen Sie sich doch auf die faule Haut legen. Sie müssen aber erst an dem Problem arbeiten, nach- und vordenken, Berechnungen anstellen, mit Beratern reden, verschiedene Methoden ausprobieren. Christa analysierte den Arbeitsmarkt, studierte Stellenanzeigen und mußte einige Vorstellungsgespräche über sich ergehen lassen. Shackleton mußte Pläne erstellen, die seine Sponsoren überzeugten, und er mußte seine Erfahrungen unter der Führung Scotts sammeln.

Holen Sie sich begierig alle Informationen, die mit Ihrem Problem zu tun haben: von Freunden, Kollegen, aus Büchern, Zeitschriften oder aus dem Internet. Drehen Sie das Problem hin und her, betrachten Sie es aus allen möglichen und unmöglichen Perspektiven. Denken Sie darüber nach, und reden Sie mit anderen.

Am Anfang jeder kreativen Lösung muß Schweiß fließen. Sie brüten darüber, wie das Problem zu lösen sei. Sie leiden daran, nicht weiterzukommen. Geben Sie dennoch nicht auf! Beschäftigen Sie sich weiter damit – selbst wenn Sie meinen, daß es Sie zur Verzweiflung treiben wird und all Ihre Bemühungen reine Zeitverschwendung sind. Das Unbewußte ist nämlich die wichtigste Quelle Ihrer Schöpferkraft. Durch ständige Arbeit können Sie es »thematisch aufladen«, so daß es später – in der dritten Phase – erstaunliche Lösungen hervorbringen kann.

Erst die Arbeit, dann das Vergnügen – welch moralische Weisheit!

Lou überprüfte unter großen Mühen alle psychoanalytischen Schriften, die, in den Anfängen der Freudschen Ära streng gehütet, oft nur als handgeschriebene Texte zirkulierten. Sie tauschte sich mit Künstlern aus, ebenso wie mit anderen Analytikern, um sich inspirieren zu lassen. Sie nahm an der bitteren Kontroverse zwischen Freud und Reich über die Sublimationstheorie teil (und konnte nur schwer die Freuden der Sublimation verstehen). Sie war es, die um die vorletzte Jahrhundertwende Wissenschaftlern und Künstlern zur Befreiung verhalf. Freilich legte sie die von ihr Erwählten nicht auf die Couch, sondern sie nahm sie mit nach Hause oder auf eine ihrer Reisen, auf daß sie Monate später große Werke gebären und weltberühmt werden konnten. So erging es Rainer Maria Rilke, Gerhard Hauptmann, Bert Brecht, Conrad Ferdinand Röntgen und vielen anderen.

Lou setzte sich körperlich, geistig und emotional – ihr charismatischer Sog ließ Männer erschauern – mit Kreativen und deren Therapeuten auseinander. Denn ihr Unbewußtes konnte nicht widerstehen, sich auf Therapie und Lust gleichermaßen einzustellen.

3. Loslassen

In der dritten Phase entfernen Sie sich zunächst von dem Problem, aber nur um es später um so effektiver wieder anzugehen. Mit gebührendem Abstand können Sie alles überblicken, aus der Nähe hingegen sehen Sie nur Details!

Auszeit ist Kreativzeit

Obwohl Sie sich angestrengt haben, kann es sein, daß Sie ab einem gewissen Punkt nicht mehr weiterwissen. Sie stecken einfach fest. Es wollen partout keine neuen Gedanken oder Aspekte mehr auftauchen. Nichts geht mehr!

In dieser Situation legen Sie – oftmals genervt und erschöpft – das Problem zur Seite. Schmeißen Sie es aber ja nicht in den Papierkorb! Beschäftigen sich mit etwas anderem, Erfolgversprechenderem. Oder ab in die Hängematte – endlich darf gefaulenzt werden! Christa träumte – andere mögen lieber Musik hören

Sprungbrett
Es ist wichtig, Schreibzeug und Papier neben dem Bett liegen zu haben. Frühmorgens ist nämlich oftmals die Besuchszeit der Muse. Und aufgepaßt: Musenküsse verwehen rasch.

oder spazierengehen. Das Ursprungsproblem bekommt jedenfalls die Gelegenheit, in den Hintergrund zu treten. Machen Sie es wie Agatha Christie (1891–1976), der die zündenden Ideen für ihre Krimis nach langem Nachdenken beim Abwaschen kamen.

Lou küßte die Muse nach der Liebe – eine weitere sehr nachahmenswerte Weise, sich der Kreativität zu öffnen (die übrigens auch der schillernde englische Magier Aleister Crowley empfahl).

In der Wissenschaft wird die Muse durch das abstrakte Prinzip der Inkubation ersetzt. Das Problem wirkt und brodelt unbewußt in einem. Plötzlich ist die Lösung da. Unbemerkt und wie im Traum hat das Unbewußte seine Arbeit verrichtet (der Heinzelmännchen-Effekt). Der Vorteil: Solch ein »Denken« läuft nicht in konventionellen Bahnen ab, die von Betriebsblindheit gestört sind. Deswegen möchte man auch über eine Sache erst einmal schlafen. Die Lösung kommt dann oft frühmorgens, wenn man im Halbschlaf liegt.

4. Wenn die Muse küßt

Endlich! Dies ist der Thrill, die aufregendste Phase, ein Geschenk der Götter. Plötzlich steigt eine zuvor nie geahnte geniale Lösung des Ursprungsproblems ins Bewußtsein empor. An dieser Stelle schrien die alten Griechen »Heureka!« und waren außer sich. Christa verstand mit einem Mal ihren Traum, daß es nur so aus ihr hervorsprudelte: »Die grüne Insel, das ist ja England, das ich mit der Fähre erreiche. Welch ein gutes Zeichen: Sogleich komme ich mit dem Sportwagen schnell voran. Er ist Grün – die klassische Farbe englischer Rennwagen. Wie leicht es ist und wie erotisch, alles zu managen, und dabei noch Zeit und Raum für sinnliche Berührungen zu haben.«

Kreatives läßt sich nicht bewußt erdenken!

»Management und England«: Christa hatte verstanden, und sie war begeistert.

Im Adrenalinschub zeigt sich Ihnen das Geheimnis der Schöpferkraft: Man kann Kreatives nicht bewußt erdenken! Es stellt sich erst ein, wenn man das zu lösende Problem losläßt.

Lou schlug sich an den Kopf: Es lag auf der Hand! Kreative müssen aus ihrem Unbewußten heraus handeln, hier mußte das Freudsche Postulat »Wo Es war, muß Ich werden« auf den Kopf gestellt werden! Die Devise für Künstler lautet »Wo Ich war, muß Es werden«, denn das Ich stört den kreativen Fluß. Kreative sind also tatsächlich mit den Irren verwandt, da beide eine enge Liaison mit ihrem Unbewußten pflegen.

5. Die Umsetzung

Der kreative Prozeß ist dem Bequemen ein Greuel: An seinem Anfang steht der Schweiß, wie auch an seinem Ende. Zuerst muß man sich mühsam mit dem Problem auseinandersetzen, dann muß man es loslassen, um am Ende wieder hart an der Umsetzung der Lösung zu arbeiten.

Jede Idee aus der vorigen Phase verlangt nun, praktisch ausgeführt zu werden. Sie prüfen Ihre Idee ständig auf ihre Realitätstauglichkeit hin. Eine Idee allein kann zwar schon schöpferisch genannt werden, ihre Umsetzung schafft jedoch erst echte konstruktive Lösungen. So mußte Christa ihrem Traum nach England folgen, und dort die Management-Ausbildung machen, um dann endlich befriedigend in ihrem Beruf arbeiten zu können. Shackleton mußte unter fürchterlichen Strapazen – permanent durchnäßt bei beißender Kälte und hohem Seegang – 700 Seemeilen auf dem Polarmeer im kleinen, offenen Segelboot zurücklegen.

War die vierte Phase vom weiblichen oder rechtshirnigen Denken geprägt, so hat in der fünften Phase der männlich ordnende Verstand beziehungsweise das linkshirnige Denken seinen großen Auftritt. Das Denken muß nun seine Richtung ändern! Alles wird streng dem Ziel untergeordnet, das in der ersten und zweiten Phase erkannt wurde. Das Ziel ist der Filter, der allein die brauchbaren Ideen aussortiert. Im Leben (wie beim Autofahren) kommt man nur vorwärts, wenn man nach vorn schaut und die Vergangenheit losläßt.

Auf Chaos folgt Ordnung, auf den Musenkuß die Umsetzung der Idee

Sie können sich selbst helfen, Ihre Ideen umzusetzen, indem Sie Geld in sie investieren. Das setzt Sie unter Zugzwang – denn dann wollen Sie natürlich, daß diese Idee erfolgreich wird. Erstellen Sie eine Liste, was zur Umsetzung Ihrer Idee nötig ist, oder erzählen Sie anderen davon. Schaffen Sie sich bewußt einen gewissen Druck. Kreieren Sie eine Verpflichtung, Ihre Idee umgehend zu realisieren. Wenn Sie zu lange warten, verlieren Sie den Schwung!

Für mich selbst ist dies der schwierigste Schritt, der Downer nach dem Thrill der vorigen Stufe. Lou hingegen meisterte ihn brillant. Sie veröffentlichte mit äußerstem Fingerspitzengefühl Aufsätze zum Problem der Analyse von Künstlern, die Freud so sehr erfreuten, daß er Lou in seinem Werk väterlich lobend zitierte und sie als einzige Frau in den erlesenen inneren Kreis der Analytiker aufnahm.

Sprungbrett
Wissen Sie noch, wann Sie sich das letzte Mal mit einer erstaunlichen Idee selbst überrascht haben?
Können Sie sich noch an das Gefühl erinnern, das Sie hatten, als Ihnen diese Idee kam?
Wenn Sie die Idee umgesetzt haben und sie sich noch dazu als nützlich erwies, haben Sie hiermit ein Beispiel kreativen Handelns, das sie sich stets zum Vorbild nehmen können!

Die genannten fünf Stufen oder Phasen stellen die Ordnung des kreativen Prozesses dar. Sie sind weder austauschbar, noch kann eine Stufe ausgelassen werden.

Nutzt Kreativität?

Wirkliche Leistungen können der Realität standhalten und sind somit praktisch nutzbar. Das besagt die fünfte Phase des Modells, »die Erwachsenenphase« wie ich sie manchmal nenne. (Die vierte Phase, die ich besonders liebe, ist die »Kinderphase«: Imagination,

Spiel, Ideen ohne Ende – und auch ohne Konsequenzen.) Der wahrhaft Kreative schaut daher auf den Nutzen, fühlt sich jedoch sogleich hin- und hergerissen: »Was geht hier vor, gesellschaftlicher oder persönlicher Nutzen?«, wird er sich fragen. Er macht sich sodann davon frei, den Nutzen nur nach Heller und Pfennig zu berechnen. »Wie steht es denn mit dem persönlichen Wachstum?« kommt es ihm in den Sinn. Psychisch stabil, ist er nicht von den Furien des Ehrgeizes getrieben. Die kleine Kreativität ist ihm genug – auf den persönlichen Nutzen kommt es ihm also an. Und wenn sein Tun auch noch gesellschaftliche Auswirkungen hat – um so besser. Bezahlt macht sich der persönliche Nutzen eher auf emotionaler Ebene als auf finanzieller – jedenfalls zunächst.

Kreativität ist unmeßbar und unermeßlich

Mit der kleinen Kreativität verändern sich häufig die inneren Welten, so daß es zu persönlichem Wachstum kommt. Alle Träume, Visionen und Vorstellungen, die eine festgefahrene Realität verändern, sind schöpferisch – auch wenn die Veränderungen oft unbewußt bleiben. Auf der fünften Stufe steht es an, Traumbilder, Vorstellungen, Visionen im Alltag umzusetzen, so wie es Christa, die Sozialmanagerin, tat. Ihre Ausbildung in England ließ sie über sich selbst hinauswachsen. Sie zog einen zweifachen Nutzen aus ihrem kreativen Wagnis, nach England zu gehen:

1. Sie wuchs innerlich.
2. Sie konnte später zufrieden arbeiten – das ist sowohl ein emotionaler als auch ein finanzieller Nutzen.

Dazu kommt noch ein gesellschaftlicher Vorteil, da Christa durch professionelles Management die Situation einer Pflegestation für alle Beteiligten verbessern konnte. Die kleine Kreativität kann große Auswirkungen haben, das ist nicht nur bei ihr so. Es ist typisch.

Wen küßt die Muse?

Die Muse ist wie die altbekannte Fee mit ihren drei Wünschen: Wenn man sich etwas sehnlichst wünscht und sich emsig darum bemüht hat (Phasen 1 und 2), schwuppdiwupp!, dann kommt es schon. Phase 4 wird sozusagen durch die Fee herbeigezaubert.

Sprungbrett
Was würden Sie sich wünschen, wenn Sie drei Wünsche frei hätten?
Sie müssen die Wünsche so konkret wie möglich formulieren, sonst kann leicht ein Unglück geschehen. Da wünscht man sich die physische Unsterblichkeit, und leidet in alle Ewigkeit daran, nicht sterben zu können. Erst viel zu spät fällt es einem ein, daß man vergaß, sich zugleich die ewige Jugend zu wünschen – ein tragischer Fehler, den schon Tithonus (Sohn des Königs von Troja) und Herophile (die erythreische Sybille) begingen.
Passen Sie auf Ihre Wünsche auf! Sie besitzen die Tendenz, sich zu erfüllen. Die Fee ist selten weit!

Bestimmt kennen Sie einige besonders erfinderische Menschen, denen ständig die Fee zu begegnen scheint. Was ist das Besondere an ihnen? Diese Menschen geben sich nicht mit der erstbesten Lösung zufrieden. Ihnen ist klar, daß es immer noch andere, womöglich bessere Lösungen gibt. Sie zu finden macht ihnen Spaß. Sie verhalten sich wie Kinder und wenden sich von der Eindeutigkeit ab, die Erwachsene so gern haben.

Zauber gebiert Kreativität

Sprungbrett
Wenn Sie eine Lösung für ein bestimmtes Problem gefunden haben, suchen Sie weiter! Oft gibt es eine bessere, sicher noch eine andere Lösung.

> Lassen Sie sich nicht durch Ihr Wissen behindern: Wissen fragt nicht nach; Unwissen sucht und fragt, deswegen kann es leichter Neues finden.

Kreative Menschen erleben die Welt auf ungewöhnliche Weise (nicht ständig, aber bisweilen) und sind sich dessen bewußt. Sie betrachten das nicht als Spinnerei. Sie sehen die Nacktheit des Kaisers und reden darüber, statt sich nach den Konventionen zu richten und seine neuen Kleider zu loben. Kreative Menschen finden eine Aufgabe an sich lohnend. Sie denken nicht an den Erfolg, während sie daran arbeiten.

An dieser Stelle muß ich an einen Fischer in meinem Ort denken, der buchstäblich alles mit einem verbogenen Spachtel und einer erstaunlich ölverschmierten Zange repariert. Sein Spachtel dient zur Gartenarbeit, als Schraubenzieher, Bierflaschen-, Brief- und Dosenöffener, als eine Art Bleistift zum Markieren und bisweilen als Messer. Er wird als Haken in Ritzen geklemmt, um alles Mögliche aufzuhängen. Beim Netzeflicken findet er als Ahle genauso Verwendung wie beim Schlauchwechsel des Fahrrads und als Gewicht der Wurfangel. Für alle übrigen Arbeiten dient die Zange als Werkzeug.

Der Kreative nutzt die Dinge nach seinem Bedürfnis – nicht nach ihrer Definition

John, der Fischer, sieht die Herausforderungen der Welt unter dem Aspekt »Spachtel und Zange«. Die konventionelle Nutzung dieser Geräte scheint er nicht zu kennen – auf jeden Fall schränkt sie ihn nicht ein. Entgegen der Volksmeinung sind kreative Menschen meist keine Sonderlinge, sondern eher liebenswürdig. John, der Fischer, ist ein beliebter Mann.

Kreative ähneln keineswegs der Vorstellung des vertrottelten Professors. Selbst das in der Romantik geprägte Bild des leidenden Genies ist ein Klischee, ein Märchen aus längst vergangenen Zeiten. Kreative Personen sind vielmehr reife Persönlichkeiten im Sinne C.G. Jungs, die Widersprüchlichkeiten (mehr oder weniger harmonisch) in sich vereinen können. Damit besitzen sie natürlich in der Welt zwangsneurotischer Buchhalter den Flair des Besonderen. Oft wirken sie strahlend, als trügen sie die Sonne im Herzen. Zugleich besitzen sie häufig ein spannungsreiches Temperament und können in beneidenswerter Weise mit Niederlagen umgehen. Sie scheinen ihre kindliche und ihre erwachsene Seite durch Reife miteinander versöhnt zu haben.

Häufig ist es eine ganz bestimmte Fähigkeit, die solche von der Muse Geküßten auszeichnet: Sie sind in der Lage, sich plötzlich in Ideen einzuklinken, die einfach in der Luft liegen: Die Glühbirne beispielsweise wurde zur gleichen Zeit von Thomas Alva Edison (1847–1931), Heinrich Goebel (1818–1893) und Nicola Tesla (1856–1943) entwickelt. Die Muse hilft uns, Ideen aus der Luft aufzufangen (Phase 4). Werden sie umgesetzt (Phase 5), pflegt man das Kreativität zu nennen.

Dieselben Ideen sind jederzeit an jedem Ort verfügbar

Der Kuß der Muse kann auf unterschiedlichen Wegen zu einem kommen: Jeder und alles ist eine Quelle des Ideenreichtums. Wenn Sie aufmerksam Ihre Umgebung beobachten, können Sie der Fülle kreativer Ideen nicht entgehen. Oft küßt einen die Muse unerwartet. Wichtig ist, sich diese Musenküsse zu notieren – auch wenn Ihnen das sonderbar linkshirnig erscheint. Machen Sie es sich zur Angewohnheit, stets Schreibzeug mit sich herumzutragen, denn Musenküsse gehen – wie Träume, jene prickelnden Affären mit den Musen – schnell wieder verloren.

Die Muse ist wählerisch. Wollen Sie von ihr geliebt werden, gehen Sie am besten selbstbewußt und ohne Angst durchs Leben. Ja, die Muse ist anspruchsvoll. Sie geht lange nicht mit jedem. Strengen Sie sich also an! Der Flirt mit der Muse wird Sie reichlich belohnen. Selbstbewußt auftreten, kühn leben, das macht Sie zum geliebten Helden Ihrer Muse. Sie können alle Kreativtechniken virtuos beherrschen; wenn sie jedoch ängstlich, verzagt und schüchtern sind, nutzt Ihnen das wenig. Doch aufgepaßt! Hier gibt es einen Widerspruch aufzulösen: Alles Neue beginnt auch mit Angst und Verwirrung. Wenn Sie beim Anflug einer Idee nicht verwirrt oder wenigstens ein bißchen ängstlich reagieren,

Die prickelnden Affären mit den Musen vergehen, ach, so schnell ist sie nicht neu. Diese Angst ist mit selbstbewußter Kühnheit zu überwinden, denn Musen meiden Jammerläppchen, die geduckt und scheu durchs Leben huschen.

Mit diesen Verhaltensweisen können Sie sich bei den Musen einschmeicheln:

- **Folgen Sie Ihrer Intuition – vertrauen Sie Ihren Eingebungen.**
  Die Intuition spricht zu Ihnen durch die Träume der Nacht und die Inspirationen des Tages.
  Wenn die Muse Sie küssen will, sagen Sie nicht »Nein!« Ebensowenig dürfen Sie die Begegnung verschlafen. Meinen Sie etwa, Sie bekämen mehrere Chancen?
- **Hören Sie auf Ihren Körper.**
  Der Körper lügt nie! Er spricht durch Unwohlsein. Er sagt Ihnen genau, wo lang vergessene Ängste ihn beispielsweise als Verspannungen besetzen. Musen küssen gern entspannte Körper.
- **Leben Sie emotional.**
  Auf coole Typen steht die Muse nicht. Folgen Sie, gleich einem unschuldigen Narren, Ihrem Gefühl, denn nur der Abweg ist ein neuer Weg!
- **Seien Sie ehrlich.**
  Es ist leicht gesagt und schwer getan. Alles, was Ihr Selbstbewußtsein stärkt, erzieht Sie automatisch zur Ehrlichkeit. Wer sich selbst und anderen gegenüber ehrlich ist, erträgt sich, wie er ist. Lügen kostet Energie, die uns dann für die Kreativität fehlt, und läßt uns das leise Wispern der Muse überhören.
- **Sprechen Sie über Ihre Ideen und Einfälle.**
  Ideen und Einfälle entstehen beim Reden beziehungsweise entwickeln sich dadurch weiter. Ohne einen sprachlichen Austausch bleibt man uninspiriert, denn Freunde und Bekannte bringen im Auftrag der Musen viele Ideen. »Verworten« Sie aber nicht gleich alles. Durch Worte legt man sich fest. Dennoch sind es die Worte, die uns in die

Nähe der Musen locken. Angesichts der Musen freilich reagiert so mancher sprachlos.

- **Lassen Sie nicht denken.**
  Wer die Slogans unserer Gesellschaft wiederholt, wer denkt wie in den Fernsehserien, den wird die Muse meiden.
- **Leben Sie Ihr eigenes Leben.**
  Wer aus eigenem Antrieb handelt und nicht aus Schuldgefühlen oder Verpflichtungen anderen gegenüber, schafft gute Voraussetzungen für Kreativität. Musen lieben das Echte!
- **Seien Sie locker.**
  Wer blind und einseitig auf Erfolg aus ist, den flieht die Muse. Wer sich unter unbarmherzigen Leistungsdruck stellt, wird seine Kreativität blockieren.
  Jede angestrengte Haltung ist den Musen ein Greuel!

Obwohl ich ein Mann bin, muß ich zugeben, daß die Muse Frauen den Männern vorzieht. Männerdenken folgt linearen Bahnen, die Musen hingegen trifft man auf Abwegen – wie einst schon Columbus erstaunt feststellen mußte, der gen Indien fuhr und Amerika entdeckte (für große Entdeckungen muß man weit vom Weg abkommen). Aber vor und nach dem Musenkuß (Phasen 2 und 5) kommen die Männer zum Zug: Da wird systematisiert, eingeordnet und unterschieden. Das entspricht dem männlichen Denken, in dem alles funktional voneinander getrennt ist: hier die Wut, dort das coole Denken. Hier die Liebe, dort das lineare Planen. Männer neigen von ihrer Gehirnstruktur her zum Schubladendenken. Für sie ist der Zugang zur Inspiration in der Regel schwerer, da sie mehr in der linken Gehirnhälfte zu Hause sind.

In Frauengehirnen dagegen herrscht kreatives Chaos. Wut, Denken, Planen, Liebe – alles fliegt durcheinander, alles ist mit allem verbunden. Deswegen können mit solch einem Gehirn leichter ungewöhnliche Ideen produziert werden. Der Einfall kommt durch ein kräftiges Schütteln der Schubladen zustande, und da Frauen mehrere Schubladen nebeneinander überblicken können, was Männern selten gelingt, ist das Ergebnis oft kreativ.

Bei der Umsetzung der Ideen – der fünften Phase in unserem Modell – sind wiederum die Männer, dank ihrer spezifischen Hirnstruktur, den Frauen überlegen.

Alle kreativen Menschen – ob Frau oder Mann – eint jedoch, daß sie sich hervorragend konzentrieren und daß sie Fehler zugeben können. Konzentration auf ein Problem ist unserem Kreativitätsmodell zufolge besonders in zwei Stufen des schöpferischen Prozesses gefragt: In der zweiten Phase wird durch Konzentration das Unbewußte wie ein Akku mit der entsprechenden Problemstellung geladen. Worauf Sie sich eine Zeitlang konzentrieren, das nimmt Ihr Unbewußtes unmerklich auf. Es arbeitet im Untergrund daran. Außerdem ist Konzentration in der fünften Phase wesentlich. Sie sind inspiriert worden – schön und gut. Nun aber bedarf es der Konzentration, um die Inspiration genau zu verstehen und sie exakt umzusetzen. Der kreative Prozeß erschöpft sich nicht im Kuß der Muse, das ist nur seine angenehmste Phase – davor und danach geht es um linkshirnige Werte, zu denen neben Disziplin eben auch die Konzentration gehört.

Wie der Fluß das Bett benötigt, braucht die Frau den Mann und der Mann die Frau (nicht nur im Bett)

Nicola Tesla – der Meister des Geistesblitzes

Wer war dieser Nicola Tesla (1856–1943), dem wir noch häufiger in diesem Buch begegnen werden? Tesla übte den Traumberuf vieler junger Männer damals im Land der unbegrenzten Möglichkeiten aus: er war Erfinder – und zwar einer der ganz großen. Heutzutage wäre er bestimmt der Hit jeder Fernsehschau, damals jedoch hatten seine Zeitgenossen große Schwierigkeiten mit ihm. Man schüttelte verständnislos den Kopf über diesen verrückten Erfinder und Physiker, der aus dem wilden Kroatien in die USA ausgewandert war.

Er liebte es, seine wissenschaftlichen Vorträge im weißen Frack, mit weißem Schlips und weißen Handschuhen zu halten. Deswegen meinten einige seiner ihm unwillkommenen Anhänger, die ihres Meisters Verrücktheit noch eifrig zu übertreffen suchten, Nicola Tesla sei auf den Flügeln einer großen weißen Taube von der Venus auf die Erde gebracht worden. Und bei solcher Geburt sei es fraglos Teslas Bestimmung, der wissenschaftlich kreative Prophet der neuen Zeit zu sein.

Wie der geniale Tesla seine Erfindungen aus dem Nichts »herunterlud«

Tesla distanzierte sich von dieser Version seiner Geburt. Er betrachtete sich als Erfinder »in Sachen Physik«. Das Faszinierende an ihm war, daß er seine Erfindungen nicht nur im Detail vorwegträumte und im Traum testete, sondern daß er diese Träume sozusagen aus dem Nichts »herunterlud«. Viele seiner Erfindungen brauchte er im Traum nicht einmal Stück für Stück aufzubauen, sondern sie kamen vollständig und im Detail über ihn.

Tesla litt unter Alpträumen und Halluzinationen – oder waren es seine Visionen, die seine Zeitgenossen wie ihn selbst erregten? Diese traumhaften Visionen, die von grellen Lichtblitzen begleitet waren, zeigten ihm Modelle seiner Erfindungen, Zeichnungen, Pläne und gaben ihm Ideen für seine Experimente ein. Tesla war ein Naturtalent für Visualisierung und Traumarbeit. Ihm gab es der Herr wirklich im Schlaf – und in welcher Fülle!

Es wurde spekuliert, ob Teslas Lichtblitze darauf zurückzuführen waren, daß er in Thomas A. Edisons Laboratorien an die achtzehn Stunden am Stück zu arbeiten pflegte. Wenn es sein mußte, konnte Tesla zwei bis drei Tage ohne Schlaf auskommen. Sollten ihm diese Lichtblitze heimsuchen, da er zu exzessiv die zweite Phase der Kreativität auslebte? Aber er war zweifellos mehr als nur ein Arbeitssüchtiger. Tesla, ein Meister der zweiten Phase, lud wie besessen sein Unbewußtes auf, das dann prompt reagierte. Er schrieb selbst über seine Erfahrungen: »Ich glaube, es gibt keinen Nervenkitzel, der das menschliche Herz höher schlagen läßt, als der, den der Erfinder verspürt. Solche Gefühle lassen einen Mann das Essen vergessen, den Schlaf, Freunde, Liebe, einfach alles.«[19]

Die erste Phase fiel ihm zu: Tesla konnte zeit seines Lebens eine große Fülle ungelöster Probleme genau benennen. In der zweiten Phase arbeitete er wie besessen. In der dritten wandte er sich fanatisch neuen Problemen zu, um dann Geistesblitze für das Ursprungsproblem zu bekommen.

Typisch für Tesla wie für andere hochkreative Menschen ist, daß er auf einem Dutzend Gebieten zugleich arbeiten konnte, die allerdings alle miteinander in Beziehung standen. Tesla sprang zwischen ihnen hin und her und ist damit ein bizarres Beispiel für die starken Bewegungen der dritten Phase.

Schöpferische Menschen sind häufig auf vielen Gebieten aktiv

«Der ist überspannt!« würde man heute mitleidig bemerken und einen Entspannungstherapeuten oder Autogenes Training empfehlen. Aber ohne Lichtblitze war Tesla nicht kreativ. Eine Schande, wenn er zur Normalität hintherapiert worden wäre. Tesla bewegte sich zwar in seiner kreativsten Zeit ständig am Rande eines Nervenzusammenbruchs, aber er schien das zu brauchen. Bei seiner Arbeit benötigte er als »Adrenalin-Freak« die überwältigende Erregung, welche er für den Auslöser seiner Lichtblitze hielt – oder war es umgekehrt?

Konzentrierte sich Nicola Tesla auf ein technisches Problem, verfiel er automatisch in den für die vierte Phase typischen Zustand des »Hörens nach innen«. So gab er sich seinen Inspirationen hin. Bei Ihnen ruft die Konzentration auf ein Problem nicht sogleich die Inspiration herbei? Seien Sie geduldig. Das ist eine Sache der Übung. Tesla war ein besonderer Mensch, denn er zog die Inspiration durch Konzentration wie magisch an. Dafür haperte es bei ihm an der Umsetzung – wie oft bei Erfindern. Die ungeheuere Fülle an Ideen bewirkte, daß er sie oft nicht konzentriert weiterverfolgen konnte. Wo eigentlich Phase 5 auf dem Programm gestanden hätte, strömten schon wieder neue und noch interessantere Ideen auf ihn ein. Tesla geriet in einen Rausch des Erfindens. Er erfand nicht nur den Induktionsmotor und das Wechselstromsystem, er ist auch »der Vater des Radios«. Doch keine dieser Erfindungen trägt seinen Namen, da Tesla besonders deren Vermarktung und praktische Umsetzung vernachlässigte.

Das Beispiel Teslas zeigt deutlich, wozu es führt, wenn die Konzentration auf die fünfte Phase fehlt. Denn trotz bahnbrechender Erfindungen starb er arm und verkannt. 1917 lehnte er die Edison-Medaille, die man ihm verleihen wollte, mit bitteren Worten ab: »Sie wollen meinen Körper dekorieren und mich weiter hungern lassen, denn Sie versagen mir weiterhin die Anerkennung für meine geistige Leistung und kreativen Produkte.«[20] Seine letzten dreißig Lebensjahre verbrachte Tesla unzufrieden in bescheidenen Verhältnissen.

Wo Kreativität mich berührt

Hier ist man weder angenehm noch lieb
Hier ist es echt!

(Ronnie Stennett-Wilson,
Gurdjieff-Lehrer)

Kochen ist nicht meine Stärke, aber ich liebe es, meinen Gästen eine schöne Atmosphäre zu schaffen. Das Essen ist dann halt etwas einfacher. Am besten gelingen mir Spaghetti, dazu Grünes aus dem Garten. Ich mische alle möglichen eßbaren Blätter zu einem bunten, erstaunlich schmeckenden Salat. Aber, wie gesagt, die Zubereitung des Essens ist nicht meine Stärke, sondern das Decken des Tisches. Dazu nehme ich mir Zeit. Wenn Sie jetzt zu mir zu Besuch kämen, würde ich auf meinen großen Holztisch die Lochsteine legen, die ich heute nachmittag am Strand gefunden habe, und weiße und zartgrüne Kerzen in die Löcher stecken. Es ständen mein blauweißes und schwarzes Geschirr auf dem Tisch und da-

Folgen Sie Ihren Träumen – bei Tag und bei Nacht

zwischen noch ein paar meiner gelben Rosen. Jeder von uns hätte ein anderes Glas vor sich stehen, und alle Teller wären verschieden groß – das Unpassende, das zu passen scheint.

Ich könnte den ganzen Nachmittag damit verbringen, den Tisch zu gestalten. Immer wieder fällt mir etwas Neues ein, wie die Serviettenringe aus einem dünnen, alten, braunen Tau. Bei nächster Gelegenheit möchte ich getrockneten Seetang oder Efeu ausprobieren.

Aber ist die Atmosphäre nur angenehm? Nein – sie ist besonders. Sie ist *genuin ich*. Weder ist sie von *Schöner Wohnen* noch von *Good Housekeeping* verzerrt – wenn ich auch gern unbeobachtet im Bad in diesen Zeitschriften blättere. Aber oft fallen die Ideen ins Wasser: zu unpraktisch, zu teuer, zu schickimicki und nicht ich.

Kreativität, Kunst und Kitsch

Abends im Bett denke ich trotz der Wirkung des Rotweins noch nach: Was macht Kreativität aus?

Für mich ist sie die mittlere Abweichung vom Gewohnten. Mit diesem Gedanken schlafe ich ein.

Was gewohnt ist, ist weder kreativ noch neu. Die Einlösung der allgemeinen Erwartungen ist langweilig. Was völlig ungewohnt ist, ist zwar atemberaubend kreativ und neu, aber keiner versteht es. Ich plädiere für den Mittelweg, was zunächst einmal reichlich bieder wirken mag. Doch ich schwöre auf die richtige Mischung von Bekanntem und Unbekanntem – eben die mittlere Abweichung von der Erwartung.

Einlösung des Erwartungshorizontes: Kitsch

Das Kreative weicht so weit vom Erwarteten ab, daß es gerade noch verständlich oder anwendbar ist. Weicht es weniger ab, ist es der gewohnte Flachsinn oder gar Kitsch. Weicht es zu sehr ab, ist es unverständlich, meist nicht anwendbar und wird als »Blödsinn« bezeichnet. Freilich stellt sich manch ein Blödsinn später als genialer Tiefsinn dar. Was heute als neueste, kreativste Idee

> **Sprungbrett**
> Haben Sie sich einmal überlegt, was Kunst von der Nicht-Kunst unterscheidet?
> Was meinen Sie, was Kunst ist?
> Schreiben Sie spontan fünf Definitionen von Kunst auf.
> Wo sind Sie ein Künstler?

gefeiert wird, kann dagegen morgen schon ein alter Hut sein. Denn mit der Zeit ändert sich der Erwartungshorizont.
Die obigen Fragen sind eng mit der Frage nach der Kreativität verbunden. Viele Philosophen und Künstler stellten sie sich seit der Jahrhundertwende. Eine der kreativsten Antworten gab Warhol (1928–1987) – »der richtige Kreative zur richtigen Zeit« – mit seiner berühmten Konservendose. Er stellte sie ins Museum und zeigte, daß sie dort Kunst ist, im Regal des Supermarktes jedoch Tomatensuppenextrakt. Es ist die Umgebung, die unseren Erwartungshorizont und somit unsere Wahrnehmung prägt. Der Kreative spielt mit der Wahrnehmung, mit seiner Umgebung. Er liebt den »falschen« Ort, die unordentliche Ordnung.

Mittlere Abweichung vom Erwartungshorizont: Kreativität

Flach- und Tiefsinn und ein Rätsel

Wer gleich danach fragt, ob ihm etwas nutzt, der wird nie kreativ werden. Deshalb finden Sie in diesem Buch viele »nutzlose« Informationen – zum Beispiel das folgende Rätsel, das aber gar nicht so nutzlos ist, wie es auf den ersten Blick erscheint.

Gehen Sie beim Rätselraten Ihren Gedanken nach. Folgen Sie

Ihnen auf Ab-, Seiten- und allen anderen Wegen. Spinnen Sie Ihre Gedanken weiter, weiter und immer weiter. Das ist ein ganz wichtiges Training zur Erweiterung Ihrer Kreativität. Lassen Sie sich auf Ihre verrücktesten Gedanken ein. Keine Angst, wenn Sie meinen, den roten Faden zu verlieren, es geht auch ohne.

Rätsel machen uns auf neue Perspektiven aufmerksam, sie erweitern unser Bewußtsein auf spielerische Weise. Deswegen sind sie auch bei Kindern so beliebt. Freud war zeitlebens von Rätseln fasziniert. Er konnte nicht eher ruhen, bis er sie gelöst hatte, was ihm auch meistens gelang.

In der Tradition der Sufis wurden dem Suchenden Rätselfragen gestellt, heute versuchen Wissenschaftler die Rätsel der Natur zu lösen. Als die Endurance, das Schiff Shackletons, 1915 in der Packeiswüste des Weddellmeeres einfror, vertrieb sich die Mannschaft mit Rätselraten die Zeit, um nicht dem Winterwahnsinn zu verfallen. Selbst wenn Sie nicht gefährdet sein sollten, dem Wahnsinn zu verfallen, versuchen Sie das folgende Rätsel zu lösen, das mich selbst vor einiger Zeit fast zur Weißglut brachte. Es stammt von den beiden britischen Mathematikern Bertrand Russell (1872–1900) und Alfred North Whitehead (1861–1947) und ist also ein wissenschaftliches Rätsel – aber mehr sollte ich Ihnen eigentlich nicht verraten.

Rätsel, Puzzles, Wortspiele fördern kreatives Denken

In einer Zelle befinden sich zwei Personen und zwei Türen. Die eine Person lügt, die andere sagt die Wahrheit. Die eine Tür führt in die Freiheit, die andere in eine andere Zelle.

Sie werden in diese Zelle geführt und wissen weder, welche Person stets lügt und welche nicht, noch welche Tür in die Freiheit führt. Sie wissen nur, daß beide Zellengenossen wissen, welche Tür in die Freiheit führt. Eine einzige Frage steht Ihnen frei, um herauszubekommen, welche Tür die in die Freiheit ist. Wie lautet die Frage?

Trösten Sie sich. Wenige konnten dieses Rätsel lösen. Es kommt gar nicht auf die Lösung an, sondern vielmehr darauf, daß Ihnen bewußt wird, wie Sie denken.[21]

Rätsel und Streichholzaufgaben, bei denen man ein Streichholz brechen oder aufstellen muß, beschäftigten die deutschen Gestaltpsychologen Wolfgang Köhler (1887–1967) und Kurt Koffka (1886–1941), zwei große Tüftler der Wissenschaft, als sie auf dem damals noch einsamen und idyllischen Teneriffa über menschliches Denken nachsannen. Sie legten Menschen Rätsel mit der Aufgabe vor, alle Gedanken während des Lösungsversuchs auszusprechen. Personen, die bei der Lösung neue Wege fanden, waren froh und glücklich wie die Kinder. Kreativität belohnt uns mit Freude bei der Lösung eines Rätsels[21] – das zumindest meinten Köhler und Koffka.

Sprungbrett
Wer sich seine verrückten Ideen merkt, der löst am schnellsten ein Rätsel.

Wenn Sie eine Idee ablehnen oder gleich verwerfen möchten, sollten Sie gerade dort genauer hinschauen. Hinter dem Widerstand liegt oft der Schatz verborgen!

Und vergessen Sie nicht, auf Schönheit und Einfachheit zu achten. Richtige Lösungen sind einfach und schön.

Und noch ein Tip: Tun Sie während des Lösungsversuchs zwischendurch etwas anderes. Das ist ein Trick, um die Muse zu becircen: So wiederholen Sie die dritte und vierte Phase des kreativen Prozesses und bieten ihr viele Kuß-Gelegenheiten.

Abwechslung macht ideenreich

Wenn ich schreibe, arbeite ich zwischendurch in meinem Garten und im Haus, dann telefoniere ich und spreche lästerlich über meine Arbeit, esse etwas und arbeite weiter.

Die Abwechselung bei der Arbeit kommt durch Bewegung: Sie bringt Würze ins Leben, und es entsteht ein Transfer: Von einem Gebiet wird etwas in ein anderes übertragen – wie beim Unkrautjäten, das Gartenweisheit auf die Psyche überträgt.

Kreativität und Intuition – die unzertrennlichen Schwestern

Kreativität ist überlebensnotwendig – besonders in Zeiten rasend schneller Veränderungen. Je schneller eine spezifische Situation sicher erfaßt wird, desto mehr Intuition ist im Spiel.[22]

Intuition gilt als die Fähigkeit, trotz unzureichender Informationen zu richtigen Schlußfolgerungen und Handlungen zu gelangen. Intuition schaut nach innen, ihre Schwester Kreativität ist nach außen gerichtet. Beide ergänzen sich perfekt, wobei die Intuition vor der Kreativität auftritt. Sie hat einen großen Anteil daran, daß wir uns schnell entscheiden können, eben schon *bevor* wir alle wichtigen Daten vorliegen haben.

»Intuitionsloses Management schafft Pleiten«
Weston Argor

Der amerikanische Evolutionstheoretiker und Ethnobiologe Terence McKenna vertritt die These, daß die Menschheit sich an der Schwelle zum neuen Jahrtausend rasender Geschwindigkeit und drastischen Umweltveränderungen anpassen muß. Dazu sind die Schwestern Intuition und Kreativität unerläßlich.

Sprungbrett
Es ist wichtig, Möglichkeiten zu erkennen. Aber noch wichtiger ist es, sie zu ergreifen. Ein bewußtes Ausrichten der Aufmerksamkeit wie bei der Selbsterinnerung (siehe Seite 164), schärft Ihre Intuition und schafft ein sicheres Gespür für sich bietende Chancen. Sie müssen lediglich Ihren Ideen trauen. Und dann stehen Sie vor dem größten Problem: Wie unterscheide ich gute von schlechten Ideen? Hier schließt sich der Kreis: durch Intuition!

Und woher weiß ich, daß es wirklich meine Intuition ist, die spricht – nicht Wunsch, nicht anderes Begehren? Es gibt nur eine Möglichkeit, es herauszufinden: Folgen Sie Ihren inneren Impulsen!

Kreativität folgt auf die Intuition oder Sensibilität für eine Situation und ihre Möglichkeiten. Die Intuition tritt spätestens in Phase 4, dem Kuß der Muse, auf. Häufig ist sie einfach da und braucht – Gott sei Dank! – nicht speziell gefördert zu werden – man muß nur bereit sein, auf sie zu hören (und die ersten beiden Phasen der Kreativitätsentwicklung durchlaufen haben). Dafür braucht man Zeit und Stille. John, der Fischer, schuf seine kreative Spachtel-Zangen-Welt in der Ruhe der Marschen und des Meeres. Menschen wie Sie und ich überschlafen Probleme, und andere erleben das High der vierten Phase im Garten.
Bei der Behandlung eines Klienten mit Schlafstörungen kam ich auf die Idee, ihn aufzufordern, sich andersherum ins Bett zu legen, so daß sich die Füße am Kopfende, der Kopf am Fußende wiederfanden. Die Idee war einfach da. Ich hielt sie für verrückt, aber da mir nichts anderes einfiel, schlug ich es vor. Es war ein voller Erfolg.

Der Geistesblitz

Sie gehen während eines intensiven Gesprächs auf die Toilette. Während es fließt, geht Ihnen ein Licht auf. Kennen Sie das? Jung zumindest schien diese Erfahrung oft gemacht zu haben. So schrieb er verschmitzt: »Es ist gut, daß man manchen großen Gedanken nicht ihren Ursprungsort ansehen kann.«

Wenn man Namen vergessen hat, erinnert man sich an sie, wenn man nicht mehr versucht, sich daran zu erinnern. Ideen kommen meist beim Loslassen (Phase 3) – wie eben beim Pinkeln, bei der Meditation oder während des Orgasmus. Der Geistesblitz ist schön, die Intuition von wunderbarer Leichtigkeit, aber vorher muß gearbeitet werden. Kein Lohn ohne die Mühen der ersten beiden Phasen – sagten das nicht auch schon unsere Eltern?

»Loslassen, einfach loslassen, das ist alles!«
»Dazu gehört Vertrauen!«
»Laß auch das Vertrauen los!«

Kreativität und Entspannung hängen eng zusammen. Legen Sie deshalb während Ihrer Arbeit häufig kürzere Erholungspausen ein. Die dritte Phase der Kreativitätsentfaltung sagt es deutlich: Unterbrich das, was du tust, um etwas anderes zu tun. Nach der Arbeit der beiden vorigen Phasen ist die Erholungspause »das andere«. Sie verhilft zu dem nötigen Loslassen – und da kommt unerwartet der Geistesblitz.

Der Blitz schlägt nicht nur metaphorisch als Idee ein, manchen trifft er real. Nicola Tesla sah stets Lichtblitze, wenn er etwas Neues entwickelte. Diese Lichtblitze störten ihn derart, daß er sie (erfolglos) zu unterdrücken suchte.

Einen Geschmack dieses Phänomens bekommen wir alle bisweilen vor dem Einschlafen, wenn uns in dem besonderen Zustand zwischen Schlafen uns Wachen – kurz vor dem Einschlafen – plötzliche Einsichten und Lösungen zu Problemen erscheinen, mit denen wir tagsüber gerungen haben. Diese Lösungen sind häufig von freilich meist milderen Lichterscheinungen begleitet. Man weiß gar nicht, hat man es geträumt, hat man es erdacht – die Lösung, das Licht und häufig auch die Körperzuckungen.

Sprungbrett
Auch wenn Sie nicht Tesla sind, können Sie diese Erfahrung des Lichtblitzes machen: Legen Sie sich schlafen, wenn Sie sich nur leicht müde fühlen. Versuchen Sie, entspannt und bewußt zugleich, den Übergang zum Einschlafen mitzubekommen. Das ist leichter, wenn Sie auf dem Rücken liegen. Sie werden sich ruckweise tiefer und tiefer entspannen. Lichterscheinungen, schnelle Bilder und Einsichten werden in Ihrem inneren Kino wie ein Werbespot ablaufen. Merken Sie sich alles, ohne es zu beeinflussen.

Sie werden dabei feststellen, daß Probleme, an denen Sie intensiv gearbeitet haben, in dieser Phase plötzlich in ganz neuem Licht erscheinen.

Dieses Licht, das einem aufgeht, ist das innere Licht der Griechen (das wir von Empedokles kennen), es ist das Licht des Bewußtseins, das uns Neues erkennen läßt. Das Auge als Organ der Wahrnehmung wird von diesem Licht geleitet. Wir nehmen nämlich nur das wahr, wofür wir innerlich ein Bewußtsein (ein Licht) ausgebildet haben. Es gibt keinen Geistesblitz, ohne ein klares Bewußtsein dessen, was man entdecken möchte!

Wo Kreativität sich nicht entfaltet

Begegnet dir Kreativität unterwegs,
bringe sie um.

MODERNE WEISHEIT

Was ist kontra-kreativ? Als ich diese Frage in einem meiner Workshops stellte, kam die schnippische Antwort: »Kopieren und Nachahmen ist völlig unkreativ, das weiß doch jeder!«

Das stimmt natürlich grundsätzlich, aber lassen Sie mich den Advocatus Diaboli spielen: Durch Kopieren und Nachahmen kann man die eigene Kreativität und Ausdrucksfähigkeit enorm steigern. Viele große Maler begannen damit, unterschiedliche Bilder zu kopieren, um sich ein Repertoire an Stil- und Ausdrucksmitteln anzueignen. Leonardo da Vinci empfahl ausdrücklich die Nachahmung, um den kreativen Ausdruck zu vervollkommnen. Er selbst lernte von dem Renaissance-Genie Battista Alberti (1404–1472). Bei Schriftstellern verhält es sich übrigens nicht anders.

Auch ich habe glücklicherweise einen Mentor, den ich für viel kreativer halte als mich selbst. Indem ich seine Sicht der Welt und seine Vorgehensweisen kopierte, konnte ich meine Kreativität enorm steigern. Seine Träume haben die meinen inspiriert!

Es sind aber durchaus nicht nur die guten Vorbilder, von denen wir lernen. Auch schlechte Vorbilder lehren uns etwas, nämlich ihre Fehler zu vermeiden. Aber, und das ist das Schwierige, Sie dürfen nicht am Kopierten und Nachgeahmten hängenbleiben. Lassen Sie

Der freie Wille ist eine antiquierte Illusion. Der Traum determiniert all unsere Absichten und Handlungen

sich dadurch anregen und sich die Augen öffnen, um letztlich etwas Eigenständiges und Neues auf die Beine zu stellen.

Ahmen Sie also ab und zu etwas nach, aber lassen Sie es dann wieder los! Es ist im höchsten Maße kontra-kreativ, Aufgeschnapptes, Angelesenes, Kopiertes nicht zu verbessern, zu verändern und zu verwandeln.

Vor diesem Hintergrund können wir die Paradoxie des berühmten Zen-Koans »Triffst du Buddha unterwegs, so töte ihn!« auflösen. Auch ein Buddhist, der nur Buddha kopiert, wird die Befreiung nie erreichen. Er bindet sich statt dessen an ein fixes Bild – und hemmt somit seine Kreativität.

Ist Ihnen eigentlich schon einmal aufgefallen, daß Befreiung und Kreativität vieles gemeinsam haben? »Befreiung« heißt, nicht mehr unter Vorschriften und Gesetzen zu leiden – ein traumhafter Zustand. Der Kreative befreit sich von allen Konventionen, Vorschriften und Glaubenssätzen – auch von denen der Befreiung. So wird er buddhagleich.

Willst du dich befreien, wähle dir den Befreiten als Vorbild

Sprungbrett

Was steht Ihren kreativen Lösungen im Wege? Stellen Sie eine Liste von all Ihren Verhaltensweisen auf, die Sie daran hindern, frei und kreativ zu sein.

Wo übernehmen Sie die Träume anderer?

Wieviel davon ist nötig, was sollten Sie loslassen?

Wo ist Ihr Buddha, den Sie töten müssen? Woran halten Sie mit aller Kraft fest, als ob es um Ihr Leben ginge?

Haben Sie unumstößliche Ansichten, feste Muster und Sichtweisen? Welche?

Meinen Sie, bestimmte kreative Ideen seien nicht umsetzbar? (Warum eigentlich?)

Ihre kreativen Ideen *sind* umsetzbar, sonst hätten Sie sie

nicht! Es ist wie bei Ihren Träumen, die Ihnen auch nur das vermitteln, wozu Sie reif sind.

Sie werden Fehler machen. Freuen Sie sich darauf. Fehler sind Umwege, durch die Sie das Terrain kennenlernen. Jeder weiß es: Es ist keineswegs ein Fehler, Fehler zu begehen, sondern sie zu wiederholen!

Eine verbreitete Kreativitätsbremse ist das »Mind-Zappen«. Zappen Sie nicht beim Denken und Fühlen wie beim Fernsehen von einem Programm zum anderen. Zu Beginn des kreativen Prozesses, bei der Jagd nach Ideen, hilft Mind-Zappen. Hat die Idee Sie gefunden, blockiert es Sie jedoch, denn kreative Lösungen müssen sich zielgerichtet entwickeln können. Bleiben Sie bei einer Idee, die Sie packt, und versuchen Sie – selbst wenn es schwierig wird – etwas aus ihr zu machen.

Fortitudine vincimus – durch Ausdauer werden wir siegen. Das war das Motto von Shackleton auf all seinen Forschungsfahrten.

Oft hört man jedoch die Meinung, es sei das Zeichen einer erfolgreichen Idee, daß sie sich leicht umsetzen lasse. Die Erfahrungen des Alltags und Geschäftslebens lehren das Gegenteil. Die kreativsten Ideen verlangen großes Durchhaltevermögen und viel Geduld. Wenn Sie Ihre Ideen also erfolgreich umsetzen wollen, bleiben Sie am Ball! Die Kreativität möchte testen, ob wir uns ihrer würdig erweisen. Wer dranbleibt, wird belohnt – anpassungsfähige Zielstrebigkeit führt zum Ziel.

Starre Ansichten, Handeln aus Angst, sich ausrichten an Autoritäten, Befreiungs- und Erleuchtungsrezepte sind fürchterlich kontra-kreativ. Heute Yoga, morgen Fasten, übermorgen Bioenergetik, am Wochenende den Gestaltworkshop beim frisch eingeflogenen Wundertherapeuten aus Kalifornien: Das bläst ihr letztes Fünkchen mentaler Autonomie aus. Ob man sich den Idealen der Therapieszene anpaßt oder anderen gesellschaftlichen Autoritäten, macht keinen Unterschied: diese Art der Anpassung tötet jegliche Kreativität.

Erleuchtungsrezepte machen abhängig statt kreativ!

Sprungbrett
Kreativitätsblocker Nummer 1: Anpassung
Sie können ihr entgehen, indem Sie sich nicht ständig mit anderen vergleichen. Sie wollen originell und individuell sein. Also müssen Sie den Mut haben, Sie selbst zu sein.

Halten Sie öfter am Tag inne, und schauen Sie – ohne Bewertung! –, ob das, was Sie tun und ausdrücken, Ihnen auch wirklich entspricht. Drücken Sie sich selbst in Ihrer Arbeit aus, oder folgen Sie den Ideen und Konzepten anderer – angefangen bei den Eltern bis hin zu den Medien wie Zeitung und Fernsehen?

Ein weiterer Kreativitätskiller ist zuviel Wissen. Berühmte kreative Teams suchten sich deshalb immer häufiger Inspiration und Anregung bei Laien. Das Parc-Team, das den ersten benutzerfreundlichen Computer entwickelte, und das Team, das den Wahlkampf Clintons leitete, hatten eins gemeinsam: »Fachfremde« wie Musiker, Dichter und Sportler waren gleichberechtigte Teammitglieder.

Wichtigstes Gesetz jeglicher Kreativität: Sei du selbst!

Sprungbrett
Kreativitätsblocker Nummer 2: zuviel Wissen
Zuviel Wissen legt auf bestimmte Meinungen und Verfahrensweisen fest und fördert dadurch die Erstarrung.

Es ist daher die Aufgabe des Kreativen, die Welt wieder naiv zu betrachten – so als wisse er nicht, wie man etwas durchführt oder reflektiert.

Geradezu zerstörerisch wirkt es sich außerdem auf Ihr Vorhaben aus, wenn Sie den Erfolg erzwingen wollen.

Sie suchen einen originellen Text für Ihren Anrufbeantworter und blättern verbissen in dicken Zitatenbüchern herum, kritzeln hastig dieses und jenes auf einen Briefumschlag, kratzen sich verzweifelt am Kopf – nichts kommt. Wie auch? Pure Anstrengung fördert konventionelle Lösungen. Wenn man originell sein *will*, hilft das genauso wenig, wie wenn man das Interesse an der Umsetzung seiner kreativen Ideen verliert, da neue auf einen einstürmen – die Tesla-Falle.

Sprungbrett

Kreativitätsblocker Nummer 3: Verbissenheit

Je lockerer, desto kreativer sind Sie. Das ist ein Gesetz der Kreativität. Anstrengung, Verbissenheit und Zwang werden Sie nicht weit bringen, überprüfen Sie deshalb immer wieder, ob Sie nicht zu bemüht sind, um für die Muse attraktiv zu sein.

Motivation ist der Treibstoff für jede außergewöhnliche Leistung. Die Gier nach Anerkennung jedoch ist ein denkbar schlechter Antrieb für die Schöpferkraft. Kreativität setzt nämlich ein gewisses Maß an Selbstlosigkeit voraus. Wer zu sehr auf Anerkennung und Erfolg schielt, kann die Sache, um die es geht, nicht mehr klar sehen. Er paßt sich an, verliert seine Kühnheit im Denken und Handeln und wird nicht den Flow erleben, der sich nur in der Haltung der Selbstvergessenheit einstellt.

Sprungbrett

Kreativitätsblocker Nummer 4: Die Gier nach Anerkennung und Erfolgssucht

Wem es nur um Anerkennung und Erfolg geht, dem geht es letztlich um sein Ego und nicht um die Sache selbst. Er sieht stets nur sich und seine Wirkung und verliert die kindlich naive Einstellung, die alles Schöpferische so sehr fördert.

Machen Sie sich immer wieder deutlich, daß es auch noch ein Leben jenseits der Anerkennung und des Erfolgs gibt!

Diese vier typischen Kreativitätsblocker bringen unseren Ideen-Motor zum Stottern. Ist es nicht erstaunlich, wie häufig man sich selbst ein Bein stellt? Jeder Kreativitätsblocker kann Sie zu Fall bringen. Aber wer bringt Sie da zu Fall? Kein anderer als Sie selbst! Die Außenwelt tritt viel seltener kreativitätshindernd auf als die eigenen Innenwelten. Aus Bequemlichkeit übernehmen wir nur zu gern die Träume anderer, statt selbst zu träumen.

Biedermänner behaupten, kreativ zu sein. Das stimmt zwar nicht, ist aber als Hauch von Kreativität zu sehen

Doch einige Kreativitätshemmungen entstehen tatsächlich auch durch die Außenwelt. Sie kommen durch die viel zitierten Sachzwänge und besonders durch fehlende Mittel zustande. Sparen tötet Kreativität.

Logik oder Kreativität – das ist hier die Frage

Je planmäßiger die Menschen vorgehen,
desto wirksamer trifft sie der Zufall.
FRIEDRICH DÜRRENMATT

Logik ist, innerhalb der üblichen Bahnen zu denken. Kreativität findet außerhalb dieser Bahnen statt. Unser logisches Denken ist nur ein Glaubensmuster – Kreativität ist pralles Leben. Logik läßt uns bei der Lebensbewältigung im Stich. In Gefahren- und Notsituationen bringen die Traumwelten die Lösung. Wo Logik und Intellekt versagen und vielschichtigen Wahrnehmungen, Ansichten und Empfindungen Platz machen, da springt traumhafte Kreativität ein.

Friedrich Nietzsche (1844–1900) vertrat als erster Philosoph die polyperspektivische Sichtweise. Sie überwindet Verabsolutierungen und Bewertungen, die in die Eindimensionalität führen. Statt der Zentralperspektive, die seit der Renaissance herrschte, hat nach der vorletzten Jahrhundertwende die Multiperspektive (das laterale Denken)[23] Einzug gehalten. Diese neue Perspektive ist »unlogisch«, denn die Logik kennt nur eine Lösung, die buntschillernde Kreativität hingegen schafft viele. Logik führt zu einer eingeengten Sicht, zum Scheuklappendenken. Kreativität ist die Folge einer erweiterten Perspektive. Plötzlich werden Zusammenhänge deutlich, die man zuvor nicht gesehen hat.

»Die Wahrheit liegt nicht in einem Traum, sie liegt in vielen.«
Tausendundeine Nacht

Neulich war ich bei einer dreiköpfigen Familie zu Besuch, die nur noch drei Äpfel zum Nachtisch hatte. Da fragte der Vater: »Was machen wir nun? Für vier Leute haben wir nur drei Äpfel.« Die kleine Tochter antwortete, ohne zu zögern: »Apfelmus!«

Logik ermöglicht nur eine (beschränkte) Sicht der Wahrheit oder Wirklichkeit, die niemals Anspruch auf Allgemeingültigkeit erheben kann. Andererseits gibt es ganz ohne Logik keine Kreativität. Der Kreative ist darin frei, speziell zu Beginn und am Ende des schöpferischen Prozesses logisch zu sein, also vor und nach dem Kuß der Muse. Besonders in den Phasen 1 »Das Problem erkennen«, 2 »Die rechten Vorbereitungen treffen« und 5 »Die Umsetzung« ist sie hilfreich, ja sogar unerläßlich. Sie erdet die Kreativität, die sonst »abheben« und sich in den unendlichen Möglichkeiten des Geistes verlieren würde (der Tesla-Effekt).

Nie mehr erstarren

Logik ist die gesellschaftlich akzeptierte Starrheit des Denkens.

Einfall beim Rasieren, kurz vor dem Schnitt

Viele Entdeckungen waren nicht geplant und kamen durch Fehler zustande, wie beim schon erwähnten Beispiel des Christoph Columbus, der nach Indien fahren wollte und Amerika entdeckte. Ähnlich erging es vielen großen Entdeckern.

Viele kreative Leistungen beruhen auf einem Irrtum

Die Suche ist das Interessante. Wenn wir gezielt überlegen, werden die Gedanken in einen linearen Ablauf gezwungen, sie sind nicht frei, assoziativ und polyperspektivisch. Wir schnüren sie in enge Korsetts, beschränken uns auf einen einzigen Traum. Unsere Gedanken dürfen nicht wuchern und vielperspektivisch wabern.

Wissenschaftlich falsche Annahmen und Mythologisierungen können kreative Leistungen hervorbringen. Das demonstrierten Nicola Tesla, Wilhelm Reich (1897–1957), Franz Anton Mesmer (1734–1815) und viele andere Forscher und Erfinder. Man muß dabei bedenken: Was wir heute als unwissenschaftliche Mythologisierung erkennen, galt gestern als die wissenschaftliche Lehrmeinung. Ein Traum löst den nächsten ab.

Haben wir uns in einem Traum einmal häuslich eingerichtet, wirkt der nächste bedrohlich. Die Begegnung mit dem Unbekannten ist jedoch der Anfang aller Weisheit. Leider fliehen wir häufig davor, weil wir Unbekanntes hassen.

Sprungbrett
Programmieren Sie sich um: Suchen Sie das Unbekannte in Ihrem Leben! Sensibilisieren Sie sich dafür, das zu entdecken, was Sie nicht kennen. Etwas Neues zu entdecken bringt Ihnen mehr, als stets nur Altbekanntes zu sehen.

Herr Müller geriet mindestens einmal pro Woche in einen erbitterten Streit mit seinem Abteilungsleiter Meyer. Dieser arme Vorgesetzte brauchte nur aufzutauchen, um bei Herrn Müller das Blut in Wallung zu bringen. Herr Müller sah Herrn Meyer stets als Polizist mit erhobenem Zeigefinger, unabhängig davon, wie dieser sich verhielt. Herrn Meyer einseitig als ungerechten Vorgesetzten zu sehen war Herrn Müller so zur Gewohnheit geworden, daß er es gar nicht mehr bemerkte. Er fühlte sich im Recht, da gab es nichts zu hinterfragen ...

Wo Mami und Papi
noch dabei sind,
werden Sie nie kreativ!

Jedesmal wenn Sie sich im Recht fühlen, sollten Sie sich im Gegensatz zu Herrn Müller fragen, ob Sie nicht vielleicht blind und engstirnig handeln. Außerdem fordern Sie gerade damit ein ebenso starres Verhalten beim Gegenüber heraus. Herr Meyer beispielsweise begann Herrn Müller schlicht und einfach zu ignorieren, so wie ihn seine Mutter einst als Kind ignorierte, wenn er sich frech verhalten hatte.

Herr Meyer und Herr Müller spulen jeder ständig das gleiche Verhalten ab, da ihre Wahrnehmung der Situation und damit ihre Verhaltensweisen erstarrt sind.

Genau dieses Problem tritt häufig auch bei Kreativitätstrainings im Bereich des Managements auf. Dort herrscht oft eine erstarrte Atmosphäre, die ansteckender ist als eine Infektionskrankheit. Teilnehmer wie Trainer (Coachs) passen sich dieser Atmosphäre an, so daß in Wahrheit wenig Raum für Kreativität geschaffen wird. Wenn jeder peinlich darauf achtet, nicht sein Gesicht zu verlieren, verscheucht er jeden Ansatz kreativen Verhaltens. Gegen die japanische Krankheit, sein Gesicht in jedem Fall zu wahren, helfen Auflockerungsübungen wie Fratzen-Schneiden und sich von seiner häßlichsten Seite zu präsentieren. Wer kreativ sein möchte, muß etwas riskieren! Wenn die Züge entgleiten, nähert sich die Kreativität!

»Solange das Leben
fixiert ist,
ist es nicht länger wahr,
es ist tot, uninteressant.
Alles ändert sich
unaufhörlich.«
Jean Tinguely

Sprungbrett
Ändern Sie Ihre Gewohnheiten. Tun Sie die Dinge einmal anders, als Sie es gewohnt sind. Schreiben und malen Sie mit der linken Hand. Stehen Sie morgens anders auf. Versuchen Sie Ihre Lieblingsausdrücke zu ändern.

Nehmen Sie sich heute vor, nächste Woche eine Ihrer Gewohnheiten zu ändern – und wenn Sie nur »Hallo« statt »Guten Tag« sagen.

Vor Jahren besuchte ich einen Meditationsmeister der Zen-Schule. Ich wollte ihn ehrfürchtig über meine Lebenspläne befragen. Er meinte, wir sollten zusammen sitzen. Wie es in dieser Tradition üblich ist, verbeugte ich mich als guter Schüler vor meinem Meditationskissen und setzte mich hin. Der Meister jedoch trat lachend an sein Kissen und legte es sich auf den Kopf. Das hat mich vor Schreck zur Spontanerleuchtung gebracht. Lachend vergaß ich alle Heiligkeit, und meine Befangenheit löste sich auf wie der Rauch im Wind.

(Heute weiß ich leider, daß die Geste des Meisters gar nicht so originell war – für mich Greenhorn war sie jedoch höchst verblüffend.)

Sprungbrett
Schreiben Sie drei Dinge auf, die Sie täglich automatisch tun. Danach nehmen Sie sich vor, diese Dinge ab sofort anders zu machen.

Ändern Sie Ihre Routinen. Wenn Sie, statt fernzusehen, lesen oder sich etwas vorstellen (imaginieren), entwickeln Sie Ihre eigene Kreativitätsnote. Die ewig gleichen Bilder des Fernsehens zusammen mit der einseitigen Kommunikation, enteignen Sie Ihrer Kreativität.

Statt cholerisch aufzubrausen, atmen Sie dreimal tief durch. Betrachten Sie die Situation mit anderen Augen an. Wenn Sie Ihren Ärger stets herunterschlucken, schreien Sie demnächst statt dessen einmal die Leute an, die Sie nerven, oder machen

Sie auf andere Weise Ihrem Ärger Luft. Erinnern Sie sich an den Rat von Gurdjieffs Großmutter: Tun auch Sie die Dinge anders, als erwartet. Tun Sie die Dinge vor allem anders, als Sie selbst es von sich erwarten. Überraschen Sie sich selbst!

Der amerikanische Psychiater Luke Rhinehard schrieb in den sechziger Jahren den Bestseller *Der Würfler*. In diesem Buch beschließt ein New Yorker Therapeut, sich selbst täglich zu überraschen, indem er seine wichtigen Entscheidungen vom Fall der Würfel abhängig macht. Glauben Sie mir: Das führt schnell zu einem Leben ohne Gewohnheiten – außer der des Würfelns. Natürlich sind das Romanwelten – Träume, von denen Sie sich inspirieren lassen können, um Ihre Gewohnheiten erfolgreich zu reduzieren.

Erstarrung kommt häufig durch den ständig laufenden inneren Monolog im Kopf zustande, der uns erzkonservativ an alte Erfahrungen und Einstellungen bindet. Er ist auf die Vergangenheit ausgerichtet und zutiefst kontra-kreativ. Er kritisiert zunächst jede neue Idee und funktioniert wie eine alte Schallplatte mit einem üblen Kratzer, der wieder und wieder dieselbe Stelle ablaufen läßt. Etwa 60 000 Gedanken gehen Ihnen täglich durch den Kopf, und davon sind 80 Prozent Wiederholungen! Aber Sie haben die Wahl, diese Gedanken zu beachten oder nicht!

Die konservative Fraktion in Ihnen schläft nie

Sprungbrett
Wenn Sie diesen Text hier lesen, woran denken Sie? Läuft Ihr innerer Monolog auf Hochtouren? Oder können Sie ihn in den Hintergrund treten lassen und ihm das Wort verbieten?

Mit diesem Sprung können Sie Ihren inneren Monolog in seine Schranken verweisen:

Nehmen Sie sich einige Minuten Zeit, setzen Sie sich ruhig hin, und entspannen Sie. In solchen Situationen sieht der innere Monolog seine Chance, sich in den Vordergrund zu drängen. Das lassen Sie dieses Mal nicht zu! Statt dessen konzentrieren Sie sich mit aller Kraft auf Ihre rechte Hand oder, wenn Sie es unkonventioneller mögen, auf Ihre Nasenspitze. Solange Sie Ihre Konzentration dort halten, wird der innere Monolog in den Hintergrund treten. Das ist deswegen wichtig, weil der innere Monolog Ihre Kreativität blockiert. Er schafft Angst vor Neuem.

Den Gegenpol zum inneren Monolog stellt die Leere dar, die in der Meditation angestrebt wird. Wer sein Bewußtsein wie den Abfallkorb leert, der schafft Raum für neue Möglichkeiten. So entsteht reines Potential, aus dem das Neue entstehen kann.

Nach der Leere sollte idealerweise die Aufmerksamkeit wieder neu ausgerichtet werden, um Ziele erreichen zu können.

Ist es nicht toll, die eigenen Gedanken so beherrschen zu können?

Wir stecken voller fragwürdiger Ansichten und Glaubenssätze, die auf erstarrte Wahrnehmungen zurückzuführen sind. Diese stammen aus längst vergangenen Erfahrungen, werden uns aber von unserem inneren Monolog immer wieder als aktuell gültig aufgetischt. Eine fixierte Wahrnehmung wandelt sich zu fixen Ideen und starren Verhaltensmustern, wie sie Herrn Müller und Herrn Meyer zum Verhängnis wurden. Sie begrenzen uns. Werfen Sie sie über Bord, wenn Sie sich kreativ ausdrücken wollen!

Menschen, die eine tiefenpsychologische Therapie absolviert haben, werden hinterher viel kreativer. Sobald die alten fixen Ideen als verjährt erkannt und abgelegt werden, entsteht Platz für Neues.

Kreativität setzt die regelmäßige Entsorgung Ihres Psychomülls voraus

Ich habe einfach mehr das Unkonventionelle, Unangepaßte und Neue gelobt. Allerdings *nur* unangepaßt zu sein und unkonventionell Neues zu leben macht nicht notwendigerweise kreativ. So schreibt der deutsche Pädagogikprofessor und Kritiker von Kreativitätskonzepten Hartmut von Henting: »Sich vom Bewährten und Üblichen loszureißen, ergibt noch nichts, was ich *Kreativität* nennen würde.«[24]

Das Unangepaßte und Neue muß zuerst auf ein für uns persönlich oder für die Gesellschaft sinnvolles Ziel ausgerichtet werden, das praktisch umsetzbar ist. Das ist die Dialektik der Kreativität: beweglich und doch zielgerichtet zu sein.

Sprungbrett
Eine praktische Möglichkeit, sich von allen Erstarrungen zu befreien, besteht darin, sich in ruhigen Momenten auf die Lücke zwischen zwei Gedanken zu konzentrieren. Sie können das bei Spaziergängen in der Landschaft üben. Wenn Sie einen belaubten Baum ansehen, konzentrieren Sie sich statt auf die Form der Blätter auf die Lücken – den leeren Raum zwischen den Blättern.

Wenn Ihnen das leichter fällt, können Sie die Stille erlauschen. Probieren Sie es aus!

1959 warf der zuvor erwähnte Maler und Bilderhauer Jean Tinguely (1925–1991) ein Manifest aus dem Flugzeug über Düsseldorf ab, in dem er uns empfiehlt: »Laßt euch nicht von überlebten Zeitbegriffen beherrschen. Fort mit den Stunden, Sekunden und Minuten. Hört auf, der Veränderlichkeit zu widerstehen. Widersteht den angstvollen Schwächeanfällen, Bewegtes anzuhalten, Augenblicke zu versteinern und Lebendiges zu töten.«[25]

Sprungbrett
Noch ein paar Tips – zur Nachahmung ausdrücklichst empfohlen –, wie man Erstarrung und Routine entgeht:

- Lesen Sie wie André Gide (1869–1951) ein Buch pro Monat über ein Gebiet, mit dem Sie sich nie zuvor beschäftigt haben.
- Lesen Sie Kinderbücher, malen Sie ein Malbuch aus.
- Sehen Sie sich Fernsehprogramme an, die Sie ablehnen. Wenn Sie nie fernsehen, schaffen Sie sich einen Fernseher an. Man muß sich solche Härteübungen fest vornehmen und diszipliniert durchführen.

- Kaufen Sie woanders ein als bisher, und wechseln Sie Ihren Lieblingsladen.
- Sprechen Sie Männer oder Frauen an, die offensichtlich aus einer anderen Welt kommen als Sie.
- Essen Sie Speisen, die Sie vorher nie gegessen haben. Wechseln Sie Ihr Lieblingsrestaurant.
- Denken Sie auf andere Weise; denken Sie zum Beispiel statt logisch in Bildern (sehen Sie die Welt als Comic) oder umgekehrt (sehen Sie in allem klare Strukturen und Ordnungen). Denken Sie »unordentlich«, indem Sie nicht stets ein Argument aus dem anderen ableiten. Springen Sie, stecken Sie Ihre Nase in Abwege und Sackgassen des Denkens – halten Sie ständig nach Analogien Ausschau. Alles erinnert einen an etwas anderes. Das ist spannend, neu und aufregend. Jeder Traum mündet in einen neuen Traum.

Diese Liste zeigt Ihnen, worauf es ankommt. Sie ließe sich ewig fortsetzen. Aber das ist Ihre Aufgabe: Lassen Sie sich selbst immer wieder Neues einfallen, das Ihr Leben belebt und Sie aufweckt aus dem biedermännischen Schlaf.

Die Maschinenmenschen oder Herr Biedermann läßt grüßen

Jedermann Biedermann!
MYSTERIENSPIEL
(SALZBURG)

Ein Kreativer ist kein Biedermann. Biedermänner – um nicht diskriminierend zu sein, muß betont werden, daß es auch Biederfrauen gibt – leiden an der verbreiteten Krankheit der »Normopathie«. Deren Hauptsymptom besteht darin, alles Neue und

Ungewohnte zu meiden, es am besten gar nicht wahrzunehmen. Biedermann und Biederfrau folgen täglich ein und demselben Trott und träumen ein und denselben Traum. So nehmen sie immer nur das Gewohnte wahr und filtern Informationen heraus, die Ihr festgelegtes Weltbild weiter zementieren.

Während ich dies schreibe, fällt es auch mir schwer, mich von vorgeprägten Ideen, den Meinungen von Autoritäten und überhaupt von allem Vorgedachten zu lösen. Erschrocken schaue ich in mein eigenes biedermännisches Gesicht und schließe die Augen.

Angst frißt Kreativität.
Kreativität frißt Angst

Über Kreativität ist schon viel nachgedacht und geschrieben worden. Da steigen sogleich Ängste hoch: »Sie als Leser mögen das doch alles gar nicht lesen«, denke ich besorgt. »Es interessiert Sie überhaupt nicht«, flüstert mir mein innerer Monolog ins Ohr.

Ich spüre, wie auch ich in Voramnahmen erstarrt bin. Kein bißchen Fließen ist zu spüren. Ich will anerkannt, am besten geliebt werden. »Solche Ängste sind zu überwinden, soll das Werk kreativ werden!« raunt mir mein autoritäreres Ich zu. Kann ich meinen Traum wie meine Unterhose wechseln? Schön wär's!

Kennen Sie solche Krisen, wenn einfach nichts mehr fließen will? Ich hetze vom Computer weg, laufe ins Bad auf der Suche nach einem Einfall. Selbst der dampfende Tee hilft nicht weiter. Ich hätte lieber doch ein Angestellter werden sollen, der seine Anweisungen bekommt und diese ungefragt ausführt ...

Da hilft mir zunächst nur eines: Ich schreibe, denke und handle nur für mich. Von Ihnen lasse ich mich – zunächst – nicht stören. Eine Zeitlang gelingt mir das sogar.

Wie aber überwindet man solche Ängste nicht nur vorübergehend, sondern für immer? Sicher nicht dadurch, daß man handelt wie sonst auch. Fragen Sie sich, ob sich dieses Standard-Handeln wirklich bewährt hat. Meist handelt man in Angstsituationen automatisch und unbewußt, was die Ängste bestenfalls kurzfristig verscheucht.

Doch was kann ich nun tun, um diese Kreativitätskrise zu überwinden?

Fast können Sie es sich denken. Ich steige in die Badewanne

und spiele mit meinem blau-weißen Plastikboot im Schaum »Shackleton im Packeis«. Da kommt die schöne Lou dazu und bläst pausbäckig in den Schaum, wozu sie neckisch ruft: »Alles ist Leben!« Und Tesla erscheint ganz in Weiß im Geysir – von einem hellen Geistesblitz umhüllt.

Wenn der schöpferische Fluß zu Eis erstarrt, liegt das meistens daran, daß wir emsig damit beschäftigt sind, unser Ich zu schützen. Paranoid wittern wir permanent Bedrohungen und schneiden uns vom Strom des Lebens ab. Die verbreitetste Starrheit liegt in der übertriebenen Ausrichtung auf egoistische Ziele – das beste Mittel, diese nicht zu erreichen.

»Das Ich ist eine Illusion. Selbst das Selbst ist nur eine.«
Buddhistische Weisheit

Der Biedermann in uns braucht Anerkennung, die er sich durch Erfolge zu verschaffen sucht. Er geht gut in seiner beruflichen und gesellschaftlichen Maske auf und ist eher ein Typus als ein Mensch.

Den Gegensatz zu Herrn Biedermann stellt der Narr dar; er geht in naiver Offenheit durch die Welt, wobei er von seinen Schutzengeln geleitet wird. Der Narr ist *die* Identifikationsfigur kreativer Künstler. Wie in den Bilderwelten des Tarots wandelt er am Abgrund, aber nie fällt er hinein.

Wer so wandelt, den lassen die Götter (oder seine Psyche) die Welt offen und unvoreingenommen erleben. Er bekommt viel mit, erhält viele Chancen und wird ab und zu eins übergebraten bekommen. Wer starr und verschlossen seinen Weg zu machen sucht, bekommt wenig Chancen und stets eins »auf den Deckel« – freilich nicht von anderen, sondern von sich selbst.

Wir leben in einer Zeit allgemeiner Verflachung. Selbst die Bildschirme des Verflachungsmediums Nummer eins werden immer flacher. Wagen Sie, selbständig zu denken.

Wir denken in der Regel viel zuwenig und reagieren häufig nur unbewußt. Die Frische des Denkens ist wichtig. Bekennen Sie sich wie der Narr zum kindlich Naiven! Über Einstein sagte beispielsweise 1929 der britische Diplomat und Schriftsteller Sir Harold Nicholson, daß er wie ein Kind wirke, das sich eine Einstein-Maske aufgesetzt habe.

Sprungbrett – rechtshirnig

Der Biedermann spricht immer wieder – in mir, in Ihnen, in uns allen. Was also tun?

Versuchen Sie, an allem neue Seiten zu entdecken. Probieren Sie eine Zeitlang beim Händewaschen aus, wie Sie mit weniger Wasser auskommen oder wie Sie Ihre Hände einfacher einseifen können.

Um dem Wiederholungszwang entgegenzusteuern, machen Sie aus allem etwas Spezielles: Ob Sie den Boden fegen, die Spülmaschine einräumen oder Belege abheften. Versuchen Sie einen besseren Weg zu finden, es besser als das letzte Mal zu machen. Das verringert den Streß und die Nerverei langweiliger Routine! Machen Sie Ihre Sache gut und nur eine auf einmal, denn nur so sind Sie mit der vollen Aufmerksamkeit dabei.

Setzen Sie sich ein wenig unter Druck, um Ihre Angelegenheiten besser zu regeln, immer besser und besser zu werden – und bleiben Sie zugleich ganz entspannt. Schütteln Sie Ihre Narrenkappe, und streicheln Sie Ihr Hündchen. Üben Sie das täglich. Es lohnt sich!

Übrigens, es braucht nicht alles besser im Sinne von *effektiver* gemacht zu werden. Etwas besser zu machen heißt auch, es etwas begeisterter zu machen.

Sprungbrett – linkshirnig

Geben Sie Ihren Intellekt nicht an der Garderobe ab! Denken Sie stets abenteuerlich und kühn!

Versuchen Sie, nicht nur Ihr Problem, sondern auch sich selbst bei der Lösungsfindung zu verstehen. Warum kommt Ihnen gerade dieser Lösungsansatz in den Sinn, warum nicht ein anderer?

Analysieren Sie das Problem und Ihre Rolle dabei – bleiben Sie aber nicht in der Analyse stecken.

Bei meinen Vorträgen werde ich oft auf Déjà-vu-Erlebnisse angesprochen. Die Fragenden möchten Erklärungen hören, die von anderen Welten oder anderen Leben berichten und ihnen besondere Sensibilität bescheinigen. Leider muß ich sie immer wieder enttäuschen: Solche Erlebnisse – zumal wenn sie gehäuft auftreten – zeugen von Wahrnehmungsfixierungen. Man sieht partout das gleiche »in seine Umwelt hinein« und findet ständig die selbstversteckten Ostereier. Selbst die beliebte Erklärung mit Hilfe voriger und vorvoriger Leben zeugt von erstarrtem Denken: eine fatalistische, bequeme Ausrede. Alles ist jetzt! Frühere Leben sind Träume, die im Hier und Jetzt stattfinden.

Gibt es etwas, das nicht jetzt ist?

Sprungbrett
Wer im alltäglichen Leben gedanklich beweglicher wird und seine Haltung als biederer »Maschinenmensch« ablegt, der wird auch auf andere beweglicher, mitreißender und interessanter wirken. Machen Sie es sich zur Aufgabe, sich dreimal wöchentlich Ihrer Umwelt von einer ungewohnten Seite zu zeigen. Lassen Sie sich vom Schauspielergeist ergreifen. Spielen sie eine andere Person. Da leben viele Ichs in Ihnen, die es zu entdecken gilt! Geben Sie den unterdrückten Ichs und deren Träumen Raum.

Um dem Fluch der Wiederholung auf den Grund zu gehen, hilft uns ein Blick auf C. G. Jungs Unterscheidung der vier Funktionen der Psyche. Diese Funktionen unterteilen sich in

1. Denken
2. Fühlen
3. Empfinden
4. Intuieren

Bei jedem Menschen ist eine dieser Funktionen besonders ausgeprägt, eine andere liegt im Schatten, die restlichen beiden sind mittelmäßig entwickelt. Die am meisten ausgeprägte Funktion verführt uns zu einer starren Sicht der Welt, da wir sie aus Gewohnheit am liebsten anwenden. Die Funktion, die im Schatten liegt, birgt unser kreatives Potential, das wir oftmals gar nicht kennen. Wer seine Schattenseite befreit, der fördert daher seinen kreativen Ausdruck. Über Ihre Schattenfunktion können Sie sich zudem Ihre ausgeprägte Funktion erschließen. Jung beobachtete nämlich – und das ist das Kernstück der analytischen Psychologie –, daß die Schattenfunktion stets der ausgeprägten Funktion gegenüberliegt. Da er die vier Funktionen wie folgt anordnet, ist die Schattenfunktion für jeden schnell bestimmbar:

Kreativität liegt im Schatten – wie alles Weibliche und Schöpferische

Denken ↔ Fühlen
Empfinden ↔ Intuieren

Sprungbrett

- Wenn Sie in schwierigen und gefährlichen Situationen (in denen man am deutlichsten seine ausgeprägte Seite zeigt) zum Denken neigen, sollten Sie sich von nun an Ihrem Gefühl zuwenden. Wenn Denken Sie übermannt, halten Sie inne, entspannen Sie sich. Was fühlen Sie jetzt?
- Gefühle spürt man oft im Bauch oder im Nacken und den Schultern, wo die Angst hockt.
- Wenn Sie stark zum Fühlen und gar zum Drama neigen, halten Sie ebenfalls inne. Zwingen Sie sich, über Ihre Situation möglichst distanziert nachzudenken. Das kann man beispielsweise gut, wenn man die Situation in einem Tagebuch beschreibt.
- Wer stets körperlich reagiert (Empfinden), sei es durch Zittern, Schwitzen, große Spannungen oder gar Übelkeit, der sollte auf seine Träume (Intuition) achten. Wer dagegen ein Tagträumer ist, dem hilft es, sein Träumen zu unterbrechen und sich auf seinen Körper zu konzentrieren. Wo zwickt und piekt es?
- Fördern Sie Ihre unentwickelte Seite. Spielen Sie auf Parties oder im Urlaub als Empfindungstyp den Intuitiven (oder umgekehrt), oder spielen Sie als Denktyp den

Fühlenden (oder umgekehrt). Probieren Sie aus, was geschieht.
Wie fühlen Sie sich dabei?
Welche Einsichten und Ideen steigen dabei in Ihnen hoch?

Durch solche Spiele lernen Sie, Ihre biedermännische Seite abzulegen, die durch stets gleiches Verhalten jegliche Kreativität im Keim erstickt.

Sechs kontra-kreative Vorurteile

Vorurteile über Kreativität spuken in vielen Büchern und fast allen Köpfen herum. Wir sollten sie ein für allemal entsorgen, um demgegenüber endlich eine realistische Einstellung einnehmen zu können.

Vorurteil 1:
Kreativität ist angeboren.

Kreativität ist zum größten Teil nicht angeboren, sondern erlernbar. Ideenreiche, originelle Menschen wurden in ihrem kreativen Ausdruck unterstützt, wie man es exemplarisch an der Kindheit von Lou Andreas-Salomé ablesen kann. Als Liebling ihres Vaters erhielt sie bis zu ihrem 18. Lebensjahr (als ihr Vater starb) jede nur erdenkliche Hilfestellung.

»Genie wird nicht von Genie geboren.«
William Shakespeare

Kreativität ist zwar in der Jugend durch viele unterschiedliche Erfahrungen und einen gewissen Spielraum zu begünstigen, aber man kann sie selbst noch als Rentner gut fördern. Ein Beispiel hierfür ist die weltberühmte naive Malerin Grandma Moses (Anna Mary Moses, 1860–1961), die erst in hohem Alter zu malen und einen eigenen Stil zu entwickeln begann. Mein Nachbar begann mit über siebzig damit, wunderschöne Puppenhäuser zu bauen, und viele alte Menschen werden noch hochkreativ im Anlegen und Umgestalten ihrer Gärten.

Vorurteil 2:
Kreativität ist das Privileg einiger Auserwählter.

Kreativität ist ein allgemeines menschliches Vermögen und nicht das Privileg einiger weniger (zu denen man ganz sicher nicht gehört). Man muß keineswegs besonders »ausgeflippt« oder hochgradig exzentrisch sein, um besondere schöpferische Leistungen zu vollbringen. Das einzige, was hilft, ist eine Umgebung, die den schöpferischen Ausdruck anregt und den traumhaften Charakter der Realität erkennen läßt.

Tesla verbrachte zum Beispiel die meiste Zeit im Labor, wo er von allem möglichen »Spielzeug« umgeben war. Und im Umkreis von einem Genie wie T. A. Edison wurden schöpferische Leistungen als selbstverständlich angesehen.

Der Geniekult ist jedoch dem kreativen Ausdruck oft spinnefeind. Auch das zeigt uns Teslas Lebensgeschichte. Er verpaßte keine Chance, sich als Genie zu inszenieren und wurde so zum neurotischen Zwangscharakter, dessen panische Angst vor Schmutz und Bakterien seinen kreativen Ausdruck empfindlich störte. Shackleton dagegen hätte nie auch nur im Traum daran gedacht, sich als Genie zu sehen. Mit einer solchen Haltung hätte er die Herausforderungen seiner Forschungsreisen auch nie und nimmer bewältigen können.

Kreativität hat nichts mit dem Geniekult der Romantik zu tun!

Vorurteil 3:
Kreativität ist unvernünftigt und unpraktisch.

Kreativität steht keineswegs im Gegensatz zum »gesunden Menschenverstand«. Sie ist vielmehr als seine natürliche Ergänzung anzusehen.

Stellen Sie sich den kreativen Fluß als einen zyklischen Prozeß vor, der hier dem gesunden Menschenverstand folgt, sich dort vom ihm absetzt, um später zu ihm zurückzukehren. So ist man kreativ, ohne die Erdung zu verlieren. Man bleibt ideenreich und praktisch zugleich. Genau diese Einstellung verbindet Lou, Shackleton und auch Tesla (in seinen besten Tagen). Alle drei verstanden es meisterhaft, Traum und Wirklichkeit miteinander zu verbinden. Ihre Kreativität war nützlich. Ist das nicht der Fall, ist es angebrachter von Spinnerei zu reden.

Nichts ist praktischer als eine kreative Lösung

Vorurteil 4:
Kreativität ist Chaos.

Im Sommer 1999 wurde Nicholas Negroponte, der Gründer und Direktor des MediaLab am MIT (Massachusetts Institute of Technology in Cambridge), der kreativsten High-Tech-Schmiede der USA, von Michael Saur interviewt[26]. Verwundert fragte Saur Negroponte: »Haben Sie eigentlich bemerkt, daß die Büros Ihrer Mitarbeiter Sauställe sind?«

Negroponte antwortete darauf: »Pedanterie und Kreativität sind sich spinnefeind.« Er wies zudem darauf hin, daß in diesen Büros Kleider entwickelt wurden, die anzeigen, ob ihre Träger glücklich sind, und Telefone, die ahnen, von man wem man gerade nicht gestört werden möchte.

Sie werden sich vielleicht wundern: Ich stelle mich auf die Seite von Saur (denn auch ich bin der europäischen Denktradition verbunden). Negroponte sieht nur eine Seite der Medaille, wenn er das Chaos lobt und als Unternehmer sagt: »Wir müssen ein verspielter Ort bleiben. Dafür bekommen wir unser Geld.« Das alles ist sicher nicht falsch, es ist aber auch eine medienwirksame Verbeugung vor der geradezu kultischen Verehrung des exotischen Flairs im sogenannten »kreativen Chaos«.

Wahre Kreativität ist niemals einseitig. Sie ist die »Hochzeit von Ordnung und Chaos«. Eine Überbetonung des Chaos fördert den kreativen Ausdruck keineswegs. Die Idee zu Negropontes Kleidern und Telefonen mag zwar aus dem Chaos stammen, die technische Umsetzung und Marktreife solcher Ideen verlangt jedoch nach strikter Ordnung und kühler Logik. MediaLab ist nämlich keineswegs ein Chaoten-Club, auch wenn Negroponte den Nimbus der Exotik öffentlichkeitswirksam bemüht.

Vorurteil 5:
Was ständig in uns spricht, ist unsere innere Stimme, die uns zu kreativen Entscheidungen führen möchte.

Viele Leute verwechseln den inneren Monolog mit ihrer inneren Stimme. Der innere Monolog plappert ständig in unserem Kopf, ist schwer abstellbar, strikt konservativ ausgerichtet und hemmt unsere Kreativität. Die innere Stimme dagegen wird eher selten gehört. Sie liegt uns nicht unablässig im Ohr und vertritt eher eine progressive als eine regressive Richtung.

> Der regressive innere Monolog verdrängt meistens unsere progressive innere Stimme

Wenn Sie sich nicht im klaren sind, was fruchtloser innerer Monolog und was innere Stimme ist, achten Sie auf Ihren Körper. Spricht die innere Stimme, entspannt sich Ihr Körper. Bisweilen fühlt er sich sogar warm und etwas kribbelig an. Angespanntheit zeugt dagegen deutlich vom inneren Monolog.

Vorurteil 6:
Kreativität kann man verordnen.

Ja, diesen Glauben gibt es wirklich – er bleibt allerdings meist unausgesprochen. Das erinnert mich an folgende Begebenheit: Zu einer Gruppe jüngerer Kinder beim Schulpsychologen kommt ein neues Kind hinzu. Es fragt aufgeregt: »Müssen wir hier wieder spielen, wozu wir Lust haben?«

Schöpferkraft kann man selbst mit den besten Absichten nicht verordnen, da jeder Zwang die Kreativität hemmt. Eine angstfreie Atmosphäre und entsprechende Einstellungen und Arbeitstechniken (die Sie im nächsten Kapitel kennenlernen werden) kann man durch den kreativen Ausdruck jedoch wirksam fördern.

Wege zur Kreativität

»Aber wie kommt man denn nun praktisch zur Kreativität?« werden Sie ungeduldig fragen. Wie macht man es, daß die »Ideen einen finden«? Welche Wege zur Kreativität stehen dem Suchenden zur Verfügung?

Ungehemmte Kinderspiele

Der Mensch ist Mensch nur, wenn er spielt.
SCHILLER

Der weiche Weg zur Kreativität ist der kindliche Eifer oder der »Flow«. Lernen Sie daher von den Kindern: Kinder sind hochgradig kreativ, weil sie offen sind. Sie genießen den Vorteil, die »bewährten Methoden« noch nicht zu kennen, auf die wir Erwachsenen ständig zurückgreifen. Außerdem schafft der Charme der Naivität kreative Situationen – die Welt erscheint als Kaleidoskop von Möglichkeiten. Unsere Sozialisation zwingt uns jedoch dazu, diese schöpferische Naivität durch Logik zu ersetzen und die Welt mit konventionellen Begriffen zu erfassen. Um Ihre Kreativität zu fördern, müssen Sie sich Ihre kindliche Sichtweise zurückerobern, ohne dabei die Logik und Ordnung des Erwachsenen zu verlieren.

Als ich beispielsweise als Kind zum ersten Mal ins Deutsche Museum in München kam, faszinierte mich der Faradaysche Käfig so, daß ich mich gar nicht mehr losreißen konnte. Da saß der alte Museumswärter auf seinem Stuhl, umgeben vom Funkenregen und Knistern des Eisengitters, das ihn umschloß. Wie gerne hätte ich dort als kleiner Held gesessen, der in seinem Käfig kühn dem tödlichen Strom trotzte! Michael Faraday (1791–1867) wurde zu meinem Helden. Über ihn las ich alles, was ich in die Finger bekam.

Ich hatte das alles längst vergessen, doch jetzt beim Schreiben dieses Buches erinnere ich mich wieder an die Hochgefühle meines »Helden des Stroms«, die ihn bei seinen Forschungen regelmäßig überkamen. Er schien immer wieder wie ein Schamane in Trance zu fallen, was seine Zeitgenossen äußerst befremdete. Glücklicherweise war die Zeit der Ketzerverbrennungen damals bereits vorbei.

»Wir alle häufen in der Kindheit Schätze an. Einige von uns haben das Glück, noch als Erwachsene auf diese Schätze zurückgreifen zu können.«
Ingmar Bergman

Faraday verfiel dem Flow, dem Fluß des Lebens, den Kinder im selbstvergessenen Spiel erleben und Erwachsene, wenn sie völlig in einer Aufgabe aufgehen. Dieser ideenreiche Mensch war das Aschenputtel unter den großen Forschern der Neuzeit. Er kam aus ärmlichen Verhältnissen, bar jeder formalen Bildung. Dennoch entdeckte er den Elektromagnetismus und legte damit einen Grundstein der modernen Physik. Ohne seine Entdeckung hätte Einstein etwa 200 Jahre später die Relativitätstheorie nicht entwickeln können.

Das Besondere an Faraday, einem schmächtigen und äußerst bescheidenen Mann, war, daß er bei den unterschiedlichsten Experimenten religiöse Hochgefühle erlebte, die wir sonst nur von Mystikern kennen. Wenn Faraday forschte, war er »aus dem Häuschen«. Er wurde von einer Ekstase ergriffen, die manchem seiner Zeitgenossen wie purer Wahnsinn vorkam. Der Flow hatte ihn ergriffen, und er kümmerte sich nicht um die Urteile und vorgefaßten Meinungen seiner Kollegen, die konkurrierende wissenschaftliche Theorien vertraten (aus heutiger Sicht platte materialistische Ansichten, die von Faradays Feldbegriff für immer abgelöst wurden).

Es war Csikszentmihalyi, der den Begriff »Flow« in die Kreativitätsforschung einführte. Damit griff er jedoch nur eine altbekannte Tatsache auf: Wer selbstvergessen in seine Arbeiten versinkt und dabei in eine Art Trance fällt, dem geht alles leicht und fließend von der Hand. Das ist der Flow (Fluß), den Kreative lieben und den Kreativitätsforscher wie einen Fetisch ehrfürchtig betrachten.

Dieser Fluß des Lebens bildet sich im Spiel, in plötzlichen Ideen sowie in den mysteriösen Impulsen unserer Träume und Phantasien ab, die teils unbemerkt unsere Aufmerksamkeit lenken und unserem Tun eine Richtung geben.

Ein glücklicher Mensch ist ein kreativer Mensch

Sind wir im Flow, ist unser ganzes Sein auf das konzentriert, was wir tun. Deswegen sind alle Ablenkungen, seien sie äußerer oder innerer Art, ausgeschlossen. Wir sind derart selbstversunken, daß wir auch keine Versagensängste haben. Der Flow ist wie ein wunderbarer Traum! Wir handeln aus einer erstaunlichen inneren Sicherheit heraus, da wir instinktiv wissen, daß die Ideen durch uns fließen. Wir sind glücklich. Und je öfter wir den Flow erleben, desto glücklicher fühlen wir uns. Die Evolution belohnt schöpferisches Verhalten durch ein besonderes Glücksgefühl. Sie scheint die Kreativität zu lieben.

Der Flow läßt einen intensiver leben. Wie Faraday und Tesla genießen wir das Gefühl, Teil von etwas zu sein, das größer ist als wir selbst. Dieses Gefühl stellt sich sonst nur beim Sex, bei religiöser Ekstase und bisweilen beim Sport ein. Während sich dabei jedoch das Gefühl schnell wieder auflöst, hinterläßt der kreative Flow handfeste Ergebnisse.

Der Flow gehört zu den Gipfelerlebnissen des menschlichen Lebens, die überdies unsere Wahrnehmung und unser Bewußtsein erweitern. Flow ist Lust – aber Achtung: Der Flow macht süchtig!

Wollen auch Sie den Flow erleben, so betrachten Sie Ihre Aufgaben, als ob Sie diese zum ersten Mal ausführten. Fühlen Sie sich in sie ein, so daß Sie keine Grenze zwischen sich und dem Gegenstand der Betrachtung aufbauen. Subjekt (der/die Sehende) und Objekt (das Gesehene) werden eins. In diesem Zustand werden Sie staunend das Wesentliche erkennen. Problemlösungen werden aus Ihnen herausströmen. Sollte dennoch eine Lösung nicht sogleich funktionieren, probieren Sie eine neue. Der Flow ist Spiel – Ernst ist Erstarrung!

Ein wichtiger Schritt zur Kreativität besteht ebenso darin, die

Welt wieder mit träumenden Kinderaugen zu sehen. Im Zen-Buddhismus nennt man es den Anfängergeist, zu dem besonders das »flüssige Denken« gehört.

Kreative Menschen sind oft weltklug und naiv zugleich

Flüssiges Denken folgt der Devise: Denke schneller, und du bist kreativer, weil du ungehemmter bist und weniger überlegt. Je schneller gedacht wird, desto weniger kann sich das kontrollierende Bewußtsein hemmend auswirken. Verarbeiten Sie Daten mit kindlichem Eifer, so stört es Sie wenig, ob diese von der Norm oder allgemeinen Erfahrung abweichen oder nicht. Der Anfänger ist begnadet, vorurteilslos und kann somit bewertungsfrei wahrnehmen. So ist es zu verstehen, daß Niels Bohr (1885–1962) seinen Studenten empfahl, jede Frage vom Standpunkt der Unwissenheit aus anzugehen. Bohr selbst bezeichnete sich als Dilettanten – aber einer voller Kreativität und Intuition.

Diese Haltung des Anfängergeistes wurde schon von Sokrates (469–399 v.Chr.) propagiert. Indem er sagte: »Ich weiß, daß ich nichts weiß«, drückte er aus, daß alles Angelernte nichtig ist. Es kommt darauf an, ein Problem neu anzugehen – eben so, als ob man nichts wisse. Einen Nachklang von Sokrates finde ich bei Goethe, der empfiehlt: »Glaubet nichts, prüfet alles.«

Beim kreativen Ausdruck geht es darum, keine fremden Gedanken unüberlegt hinzunehmen, sondern selbst zu denken und sich in die entsprechenden Erfahrungszusammenhänge zu begeben – eben weil man weiß, daß man nichts weiß.

Beobachtet man Kinder beim Spielen, fasziniert einem häufig ihre Fähigkeit, total darin aufzugehen – hier zeigt sich eine Leichtigkeit, gepaart mit tiefer Versunkenheit. Leider wurde uns gerade diese kindliche Stärke aberzogen. Sie besteht in der Fähigkeit, sich in eine andere Welt zu versetzen: Sie spielen, probieren dieses und jenes konzentriert aus, um danach eine so gefundene Idee oder Lösung in die Tat umzusetzen. So ähnlich gehen auch kreative Menschen vor: Sie schauen spielerisch in die Zukunft und wurzeln in der Gegenwart. Sie träumen neue Träume und setzen sie dann praktisch um.

Wissen ist gleich einem Staudamm im Fluß der Ideen

Sprungbrett
Trauen Sie sich, in Ihrer Arbeit zu versinken. Vergessen Sie alles um sich herum. Kreativität ist verrückt!

Anschaulich beschrieben wird die »Verrücktheit« kreativer Menschen an der Romanfigur des Professor van Helsing in Bram Stokers *Dracula*. Der Professor entwickelt permanent neue Ideen und Taktiken, um Graf Dracula das Handwerk zu legen. Seine Freunde zweifeln schon an seinem Verstand. So aber ergeht es fast jedem, der geistig gegen den Strom schwimmt.

Die Voraussetzungen zum Flow sind:

- **Offenheit**
  Verdrängen Sie wenig, denn Verdrängung benötigt Energie, die Sie besser zur Produktion kreativer Ideen nutzen könnte. Es gibt keine Gedanken und Ansichten, die Sie nicht äußern dürfen! Je bewußter Sie leben, desto weniger verdrängen Sie.
- **Alles hinterfragen**
  Nur Oberlehrer meinen, es gäbe gültige Meinungen und Problemlösungen. Doch in Wahrheit gibt es keine Fragen, die man nicht stellen darf!
- **Neugier und Mut**
  Riskieren Sie etwas! Indem wir uns für Neues öffnen, bringen wir alte Sicherheiten in Gefahr. Wir brauchen Mut, um das Neue zu wagen. Den Ängstlichen sucht die Kreativität nicht heim.
- **Unbefangenheit**
  Haben Sie keine Angst, daß Ihre spontanen Lösung nicht gut genug sind. Machen Sie mutig weiter! Hinter jeder Lösung lauert eine weitere, oft bessere.
- **Keine Angst vor Ablehnung**
  Platzen Sie mit Ihren Lösungen und Ideen heraus. Tun Sie all das, was man Ihnen in der Schule verboten hat! Auf diese Weise lernen Sie wirlich. Merken Sie, daß Lernen Spaß macht? Was andere von Ihren Ideen und Lösungen halten, ist zunächst unwichtig.

- **Positive Erwartungen**
  Erwarten Sie Positives. Machen Sie sich klar, daß Sie es wählen können, frei und offen zu sein. Alles in Ihrem Kopf ist ein Konzept. Sie (und kein anderer) kann es ändern! Harmonie, Lust und Spiel sind überall möglich. Sie müssen dies nur erkennen und bereit sein, sich darauf einzustellen. Eine positive Haltung ist die Voraussetzung für spielerische Kreativität. Optimismus ist der kreative Ausdruck von Tapferkeit!

Diese sechs Haltungen fördern das Flow-Erlebnis – auch beim Lesen dieses Buches!

Haben Sie heute schon gelacht?

Menschen mit Ideen sind niemals ernsthaft.
PAUL VALÉRY

Das Allerwichtigste, um ideenreich zu handeln, ist der Spaß! Produzieren Sie Ihre Ideen mit Lust und Humor. So ziehen Sie unweigerlich Ideen an. Die Musen lieben Menschen, die lachen. Der erfolgreiche amerikanische Werbemanager Jack Foster berichtet, daß nach seinen Erfahrungen in Werbeagenturen diejenigen Teams die erfolgreichsten waren, in denen viel gelacht wurde. Das liegt daran, daß Humor und Ideen-Entwicklung eines gemeinsam haben: Sie verbinden, was zuvor unverbunden war. Die unerwartete Verbindung bringt die Pointe – beim Witz und bei der Kreativität. Die Entwicklung zum kreativen Menschen kann gut mit Sören Kierkegaards Worten beschrieben werden: »Als ich meine Augen öffnete und die Wirklichkeit erblickte, begann ich zu lachen und habe seitdem nicht mehr aufgehört.«

Kreativität ist zu wichtig, um ernst genommen zu werden

Lachen setzt sich trotzig über alle Einschränkungen hinweg. Es ist ein wichtiger Geburtshelfer einer orginellen Sicht der Welt.

Gewußt wie – das HandKopfBauch-Werkszeug

Alles, was wir sind, sind wir als Ergebnis dessen, was wir dachten.

Gautama Buddha

Denken Sie ja nicht, daß Kreativität nur ein Handwerk sei! Sie ist viel mehr: Bewußtsein und Gefühl zugleich. Neurowissenschaftler gehen davon aus, daß sie sogar weitgehend gefühlsgesteuert ist – wie alle höheren Denkaktivitäten.[27]

Die Weisheit der Narren

Man muß wissen, daß Verrückte manchmal so weise sind, daß normale Menschen sie einfach nicht verstehen.

MIGUEL DE CERVANTES,
Don Quichote

Als kreativer Mensch sind Sie nicht nur Handwerker, sondern auch »Kopfwerker«, Gefühlsarbeiter und immer in Bewegung.

Aber verachten Sie auch nicht das Handwerk, denn ohne Technik kann kaum Kreativität existieren. Jeder ist kreativ – also auch Sie! Kaum jemand nutzt jedoch dieses Potential voll aus, das mit einigem Geschick und der Kenntnis bestimmter Methoden effektiv angezapft werden kann. Schöpferkraft läßt sich zwar nicht wie das Einmaleins erlernen, aber man kann sie jederzeit einladen zu erscheinen.

Wie das geht, erfahren Sie im zweiten Schritt meines Kreativitätsmodells, wobei ich ganz bewußt von Methoden und Techniken spreche. Freilich hat unsere geliebte und verehrte Kreativität einen Hang zum Anarchismus. Doch zugleich folgt sie gewissen Gesetzmäßigkeiten. Sie ist ein zwielichtiges Wesen, doch gerade das macht sie so anziehend und verführerisch!

Nicht nur deshalb ist Kreativität wie Sex: Sie beginnt außerdem genau dort, wo Männliches und Weibliches sich vereinen. Alle in diesem Kapitel vorgestellten Methoden verbinden unser narzißtisch in sich selbst gefangenes kleines Denken mit dem großen, dem kosmischen Denken. Jung nannte das: den männlichen mit dem weiblichen Archetypen verbinden. Der weibliche Aspekt ist das von der Intuition geleitete Erkennen, das sich selbst noch überraschen kann. Unser logisches, zielgerichtetes Denken prägt hingegen den männlichen Aspekt der Kreativität.

Kreativität ist das Lernbare, das nicht zu lernen ist!

Hier geht es um die Ausrichtung unserer Aufmerksamkeit, die

man täglich trainieren sollte, um es darin zur Meisterschaft zu bringen.

Die Methodik der Kreativität ist also männlich. Sie bildet sozusagen den Rahmen, das Flußbett, in dem der Strom der Gedanken sich produktiv und zielgerichtet verströmen kann.

Männlich und Weiblich treffen sich spontan, wenn man psychisch stabil ist. Die feinsten Methoden nutzen Ihnen nur wenig, wenn Sie selbst nicht ausgeglichen und mit sich selbst im reinen sind.

Außerdem ist es immens wichtig, Methoden zur Steigerung der Ideenkraft, des Einfallsreichtums und der Originalität niemals monoton anzuwenden. Kreativitätsbooster müssen ständig gewechselt werden. Wer immer nur frei assoziiert, verscheucht die besten Einfälle.

Lieblingsmethoden sind Kreativitätskiller

Probieren Sie im Alltagsleben unterschiedliche Techniken aus. Seien Sie mutig und spielen Sie den Narren, der zunächst seine private Umwelt als Spielwiese benutzt. Schaffen Sie sich ein geschütztes Übungsfeld, wo Ihre kreativen Ideen auch einmal zu unproduktiven Verrücktheiten entgleisen dürfen.

Sie steigern Ihre Schöpferkraft, wenn Sie mit den folgenden bewährten Methoden herumspielen, die Ihren Ideenreichtum steigern und Ihnen bei der Lösung kniffliger Probleme helfen können. Sie werden sehen, daß Kreativität auch eine methodische, linkshirnige Seite besitzt – und keineswegs nur chaotisch ist.

Das Ideenbuch

Als Allererstes möchte ich Ihnen empfehlen, ein Ideenbuch zu führen, in das Sie schreiben, malen oder skizzieren. Alle verrückten und ungewöhnlichen Ideen, die Ihnen einfallen, kommen dort hinein. Wichtig ist, völlig ehrlich zu sein. Schreiben Sie über das Unerklärliche, über das, was Sie bewegt oder was Ihnen irrational erscheint.

Sie wollen üben, täglich kreativ zu sein? Das Ideenbuch hilft Ihnen dabei. Es ist dem Traumtagebuch vergleichbar: Wie jenes die Traumerinnerung unterstützt, so lockt dieses Ideen an.

»Schmierbuch-Methode bestens zu empfehlen. Keine Wendung, keinen Ausdruck unaufgeschrieben zu lassen.«
Georg Christoph Lichtenberg[28]

Selbst der deutsche Oberaufklärer Georg Christoph Lichtenberg (1742–1799) bekannte sich zum Ideenbuch, in das er seine verrücktesten Ideen eintrug. Er nannte es »Sudelbuch«. Seine Sudelbücher[29] sind klassische Ideenbücher genauso wie Leonardos Skizzenbücher.

Sprungbrett
Kaufen Sie sich am besten gleich ein gebundenes Buch von einem gewissen Umfang mit unbedrucktem, nicht zu dünnem Papier, damit Filzstift und Tinte nicht durchschlagen und die Rückseiten ruinieren. Es sollte ein außergewöhnlich schönes Buch sein, das zum Aufschlagen und Hineinschreiben anregt. (Ich konnte stets bemerken, daß Bücher, die mir richtig gut gefallen, besonders gute Kreativitätsfänger sind.) Man legt es sich gern auf den Nachttisch oder nimmt es mit, wenn man unterwegs ist, um in Zug, Bus oder U-Bahn etwas hineinzuschreiben oder darin zu blättern.

Nehmen Sie sich dieses Buch möglichst jeden Tag vor – und sei es nur für fünf Minuten: Entweder Sie lesen darin und betrachten die alten Bilder und Kritzeleien, oder Sie gestalten eine Seite, einen kleinen Abschnitt oder was auch immer. Alle neuen oder ungewöhnlichen Ideen werden so in irgendeiner Weise, die Ihnen Spaß macht (das ist wichtig!), dokumentiert.

Kreative Ideen verhalten sich wie ihre Schwestern, die Träume: Wenn man sie nicht aufschreibt, vergehen sie wie der Rauch im Wind. Die Familie der Phantasiewesen, mit der wir es hier zu tun haben, ist flüchtig. Es sind Wesen der Luft, die als unfaßbare Einfälle mal hierhin, mal dorthin flattern. Das Ideenbuch dient als Fänger für solche flatterhaften Wesen – versuchen Sie es doch einmal selbst!

Wenn Sie regelmäßig Ihre Ideen und Träume notieren, haben Sie Ihren Kopf frei für weitere Einfälle. Sie merken: Die Regel, keiner Routine zu folgen, wird hier gebrochen. Es ist dabei völlig unerheblich, ob Sie später etwas mit diesen Einträgen anfangen werden oder nicht. Das Führen eines Ideenbuchs ist ein Spiel. Sehen Sie es als Zeitvertreib an, der sich freilich als sehr produktiv erweisen könnte.[30]

Die Regel, keiner Routine zu folgen, wird gebrochen und so zur kreativen Routine

Machen Sie aus Ihrem Ideenbuch ein kunterbuntes Journal (das Kubujo) oder ein kühnes Kreativbuch (das Kükrebu). Hier können Sie ungehemmt originelle Ideen, traumhafte Lösungen und Träume dokumentieren. In dieses Buch kommt nichts anderes als Ideen hinein!

Schreiben Sie tagebuchähnlich in dieses Buch:

- was Sie gerade gelernt haben
- was Ihnen durch den Kopf oder durchs Herz geht
- welche Ihrer Ideen sich bewährt haben
- was Sie verblüfft hat
- wie Sie sich während des kreativen Prozesses gefühlt haben
- Anekdoten, Beobachtungen, Witze und Träume, die sie auf Ideen bringen
- stellen Sie Fragen – ohne gleich auf Antworten fixiert zu sein. Zu Fragen, was, wie, wo, warum etwas so ist wie es ist, führt oft zu guten Ideen. Auch die Frage: »Was wäre, wenn …« gehört ins Ideenbuch

Schreiben Sie zügig, ohne auf Stil, Rechtschreibung oder Grammatik zu achten. Wiederholungen, Widersprüche und Brüche sollten Sie nicht stören. Schreiben Sie assoziativ. Fürchten Sie sich nicht vor Unsinnigem – vor dem sogenannten »Quatsch«!

Meist ist man beim Aufschreiben und Zeichnen aufgeregt und innerlich ruhig zugleich. Man ist zentriert wie ein Kind beim

Spielen. Sie brauchen nicht viel aufzuschreiben oder zu zeichnen! Setzen Sie sich nicht unter Druck! Schreiben Sie aus Spaß täglich verblüffende Beobachtungen auf und vielleicht noch, wie Sie sich bei diesen Beobachtungen und Ihren Geistesblitzen gefühlt haben.

Ins Kreativitätsbuch darf geschmiert werden. Es darf so aussehen, wie es unsere Eltern und Lehrer gehaßt hätten. In Ihrem Kreativitätsbuch dürfen Sie eine liederliche Person sein!

Wenn Sie sonst nur mit Ihrem Computer schreiben, dann schreiben, zeichnen, kritzeln Sie jetzt per Hand. Streichen Sie durch, schreiben Sie drunter und drüber, sauen Sie ruhig einmal auf den Seiten herum. Spüren Sie die Befreiung?

Mut zum liederlichen Buch!

Und wenn Sie Ihre Ideen in die Tat umsetzen wollen: Bedenken Sie die Details Ihrer Ausführungen hinterher.

Sprungbrett
Probieren Sie doch einmal die graphische Methode aus, indem Sie mit vielen farbigen Stiften herumkritzeln. In unterschiedlichen Farben stellen Sie verschiedene Ebenen und Stufen eines Problems dar. Überlegen Sie sich dann, wie man die Sache noch ganz anders darstellen könnte. Dabei erleben Sie, daß passende Lösungen am Ende stets harmonisch und ästhetisch schön aussehen – aber meistens erst am Ende!

Die Assoziationstechniken

Zu diesen Assoziationstechniken gehören natürlich die von Freud endeckte klassische Assoziation, das etwa fünfzig Jahre später entwickelte Brainstorming und das vor etwa 25 Jahren verkündete rhizomatische Denken, das als Nonplusultra der Philosophie und Ideologie der französischen Studentenbewegung galt.

Sigmund Freud wurde vorgeworfen, daß er nicht hypnotisieren konnte und deswegen die assoziative Technik erfand. Das ist natürlich völliger Unsinn: Freud »erfand« die Assoziationstechnik, als er bemerkte, daß angeblich zufällige Einfälle stets einen tieferen Sinn haben.

Betrachten wir untherapeutischen Auges die Assoziation, tritt ihr Clou zutage. Versuchen Sie's einfach: Anfangs steigen alle Platitüden, Automatismen und Vorurteile auf. Bleiben Sie dran! Nach einer gewissen Zeit verlangsamt sich der Fluß der Assoziationen. Jetzt wird es spannend: Sie haben sich von Gefühls- und Gedankenmüll geleert und betreten den Raum jenseits der Automatismen. Hier überrascht Sie Neues.

Muster des tieferen Sinns: Unsinn, der Sinn macht

Assoziieren Sie unbedingt lange genug! Geben Sie sich nicht mit der erstbesten Lösung zufrieden! Warten Sie, bis wirklich Neues auftaucht, das Sie erregt!

Wenn Sie Ihre Gedanken unzensiert und ohne Bewertung fließen lassen, finden diese zu einem neuen Sinn zusammen. Die alten, erstarrten Gedankenverbindungen werden mit der Zeit aufgelöst, um neuen Verbindungen Platz zu machen.

Sprungbrett

Es gibt etwas in Ihrem Leben, wofür Sie eine Lösung suchen. Stellen Sie sich auf dieses Problem ein, indem Sie es sich so klar wie möglich vergegenwärtigen. Nun fassen Sie dieses Problem in einem Stichwort zusammen.

Lassen Sie alle Gedanken zu, die Ihnen bei diesem Stichwort einfallen. Betrachten Sie am Schluß, wenn Ihnen nichts mehr einfallen will, all diese Gedanken. Sie ordnen sich häufig zu Einsichten, Lösungsvorschlägen oder weiterführenden Ideen.

Freuds Beobachtungen und Theorien zufolge endet eine solche Gedankenreihe stets dort, wo der Betreffende ein psychisches Problem aufweist. Das Problem wirkt wie ein Magnet, der die Ideen anzieht. Durch den Fluß der Ideen wird uns aber zugleich auch bewußt, wie und wo wir uns selbst blockieren. Wenn zum Beispiel die Assoziation zum Begriff »Selbständigkeit« beim Begriff »Unsicherheit« endet, liegt es auf der Hand, warum wir es nicht wagen, unser Leben selbst zu gestalten.

Uns interessieren jedoch weniger die Probleme als die Lösungen. So verlassen wir Freud wieder und nutzen seine Technik für unsere Zwecke. Jedes Problem läßt uns wie im Traum gewisse Situationen, Bilder und Begriffe assoziieren, auf die wir mit bewußtem Denken nicht kommen würden. Darauf baut das beliebte Brainstorming auf, das in amerikanischen Werbefirmen entwickelt wurde.

Der Sturm im Kopf

»Brainstorming« bedeutet soviel wie »der Sturm im Kopf«. Gemeint ist ein mentaler Wirbelsturm, der alle Gedanken auf- und herumwirbelt und so neue Verbindungen schafft.

Das Brainstorming wurde in den fünfziger Jahren dieses Jahrhunderts von dem amerikanischen Werbefachmann Alexander Osborne eingeführt, da gewöhnliche Besprechungen für seinen Geschmack viel zu langweilig und unproduktiv waren. Als Osborne nach neuen Möglichkeiten sann, kreative Ideen auf Bestellung zu produzieren, stieß er auf Freuds bekannte Assoziationstechnik, die er sogleich kreativ für seine Zwecke abwandelte. Osborne ging es um das Knüpfen vieler neuer Verbindungen in einem möglichst kurzen Zeitraum, und dafür war Freuds Methode ideal.

Bleiben wir bei dem Beispiel der Selbständigkeit, der unser Sicherheitsbedürfnis entgegensteht. Unser Bedürfnis nach Selbständigkeit und das nach Sicherheit sind zwei feindliche Brüder, die miteinander zu versöhnen sind.

Ihre Arbeit ist zur Routine geworden. Ihre Vorgesetzten nerven Sie in erträglicher Weise. Da steigt der Wunsch in Ihnen auf, sich selbständig zu machen. Bei solch kühnen Gedanken rattert es im Gehirn: »Ideen umsetzen ist schön, aber brauche ich nicht die Sicherheit des regelmäßigen Einkommens? Quatsch, die gibt's heute eh nicht mehr! Aber kann ich mich durchsetzen? Will ich das alles überhaupt?«

Konzentrieren Sie sich auf die Lösungsmöglichkeiten statt auf das Problematische. Lassen Sie nun alle Ideen zu, egal wie abwegig sie auch sein mögen. Normalerweise kommen Ihnen eine Unzahl verrückter Ideen in den Sinn, nachdem Sie zunächst alle naheliegenden kurz abgehakt haben.

Freud erfreute die Werbeleute

»Ich könnte einen Salon aufmachen, in dem die intellektuelle und die erotische Kultur wieder gepflegt würden. Dort könnten dann Projekte entstehen, an denen ich mich maßgeblich beteilige.

Ich sollte Kurse für gepflegte und geistreiche Kommunikation für Yuppies geben.«

Sie träumen davon, eine Firma zu gründen, die fürchterlich viel Geld abwirft und am besten gänzlich steuerbefreit ist. Dazu siedeln Sie sich unterhalb des fürstlichen Schlosses in Liechtenstein an und zählen wie Onkel Dagobert täglich ihre Fränkli. Sie könnten auch eine Bank überfallen oder gleich selbst Geld drucken. Aber das ist Ihnen alles nicht sicher genug.

Oder wollen Sie lieber dem Golfclub beitreten, um sich einen wohlhabenden Partner zu angeln?

»Wohlhabender Partner« ist das Stichwort: Wie wäre es damit, sich einen Sponsor zu suchen? »Bankkredite« sind Ihnen ja schon gleich bei den konventionellen Lösungen eingefallen, aber die Zinsen sind ruinös und scWenn nun die Sponsoren sich als Kompagnons beteiligen würden und noch das ökonomische Know-how einbrächten, würde Ihnen das Sicherheit geben und zugleich Ihre Selbständigkeit fördern. Sie könnten Ihre Anstellung kündigen und Ihre sicherlich umwerfende Idee sogleich vermarkten.

Beim Brainstorming hat sich gezeigt, daß die erste Idee oft die beste ist. Häufig hilft es, dieser Idee zu folgen und zu schauen, wo sie einen hinbringt. Tesla folgte stets seiner ersten Idee und ließ sich bei deren Ausarbeitung von weiteren Ideen führen. In unserem Beispiel hätte man leicht direkt vom geliehenen Geld (Bankkredit) zum gesponserten Geld kommen können. Es muß ja nicht immer die superoriginelle Lösung sein, die zum Erfolg führt. Oft führt auch die Nutzung bekannter Methoden – hier des Sponsorings – zum Ziel.

So durchgeführt, steht das Brainstorming der Freudschen Assoziationstechnik nahe. Osborne – als Oberkreativer – kam jedoch flugs auf die Idee, am Brainstorming mehrere Menschen zu beteiligen, so daß die Ideen des einen die des anderen inspirieren. Dadurch ergibt sich nicht nur eine lustigere und produktivere Kommunikation, sondern das Knüpfen von Verbindungen geschieht schneller und führt zu ungewöhnlicheren Lösungen, als wenn man es allein macht. Die weiteren Erfahrungen mit dieser Methode zeigten: Mit einer Zahl von fünf bis sieben Teilnehmern ist das Brainstorming am produktivsten.

Es müssen allerdings bestimmte Rahmenbedingungen eingehalten werden, ohne die das Brainstorming nicht zu voller Wirkung kommen kann:

1. Jeder Beitrag wird bewertungslos zugelassen (denn mit einer zu frühen Bewertung setzt sich Konventionelles durch).
2. Es kommt nicht auf die Qualität, sondern auf die Quantität an (da kreative Ideen weitere, noch kreativere Ideen fördern).
3. Die Beiträge folgen möglichst schnell und spontan aufeinander (so daß der innere Zensor nicht dazwischenkommt).

Wenn Sie diese drei Regeln beachten, werden Sie schnell und mühelos die Narrenkunst des Brainstormings produktiv anwenden können. Sie werden nach kurzer Zeit merken, daß Ihnen mit zunehmender Übung das Brainstorming leichter von der Hand geht und immer schneller zu kreativen Ergebnissen führt.

Brainwriting

Beim Brainstorming wird *gesprochen*, beim Brainwriting *geschrieben*. Das Führen eines Ideenbuchs, wie ich es vorhin anregte, kann als Brainwriting angesehen werden. Es wird freilich nur von einer Person durchgeführt. Möchte man sich gegenseitig inspirieren,

Kreative Ideen herbeischreiben

kann man wie beim Brainstorming mehrere Personen daran beteiligen. Auch hier sind fünf bis sieben Personen die ideale Größe.

Beim klassischen Brainwriting schreibt jeder Teilnehmer möglichst viele Ideen zu einem Problem auf ein Blatt Papier, das weitergereicht wird. Der nächste Teilnehmer liest sie und schreibt alle seine spontanen Ideen dazu. Das Brainwriting ist dann abgeschlossen, wenn jeder sein eigenes Blatt wieder bekommen hat.

Im Team einer Fachbuchhandlung wurden die Ideen knapp. Neue wollten sich partout nicht einstellen. Die gute Marktposition geriet ins Wanken. Panik brach aus. Die Junior-Chefin trat als rettender Engel auf. Obwohl sie Brainwriting nicht kannte, erschien sie eines Morgens mit leuchtend gelben Klemmbrettern und Stiften zur Teamsitzung. Die ursprüngliche Tagesordnung hatte nur müdes Gähnen erzeugt. Man vergaß sie einfach. Statt dessen wurde das Hauptproblem oben auf die weißen Blätter geschrieben: »Wie können wir jüngere Kunden ansprechen?«

Jeder bekam ein solches Blatt, das von Teilnehmer zu Teilnehmer weitergereicht wurde. Man las gespannt, bisweilen lachend, was die Vorgänger dazu geschrieben hatten, und ließ sich dadurch zu eigenen Ideen anregen. Plötzlich sprudelten Lösung hervor: regelmäßig ein spezielles Schaufenster gestalten, andere Musik im Laden, pfiffige Anzeigen, Veranstaltungen und vieles mehr.

Im Gegensatz zum Brainstorming ist das Brainwriting zeitaufwendiger. Der Vorteil liegt jedoch in seiner klaren und einfachen Dokumentation. Jeder kann sich nochmals sein Blatt vornehmen und die Ideensammlung betrachten.

Das rhizomatische und das laterale Denken

Eine der großen Moden des Strukturalismus (eine philosophische Schule) stellte in den sechziger Jahren die von Michel Foucault vertretene Rhizomatik dar.

Ein »Rhizom« ist ein Wurzelstock mit all seinen Verzweigungen und Verästelungen. Bei dieser Art des Denkens kommt man ganz bewußt »vom Hölzchen aufs Stöckchen.« Eine echte Narretei, diese Denkmethode, bei der wie beim Brainstorming alles erlaubt ist. Die ganze Welt der Ideen wird als eine große Werkzeugkiste angesehen, aus der man sich nimmt, was man gerade braucht.

Ökologisches Denken: naturnah, pflanzlich

Versuchen Sie, allen möglichen Aspekten einer Sache nachzugehen[31] und sich dabei an keine bindende Methode zu halten. So praktizieren Sie rhizomatisches Denken. Dieses »spielerische Denken« ist nicht eindeutig vom Brainstorming abzugrenzen.

Sprungbrett

Stellen Sie vor: Zwischen Ihnen und Ihrem Vorgesetzten ist die Kommunikation äußerst schwierig. Mißverständnisse und Mißmut sind an der Tagesordnung.

Malen Sie sich aus, woran das liegen könnte. Versuchen Sie so viele Ursachen wie möglich zu finden.

Beispiel:

- Sie erinnern Ihren Vorgesetzten in bestimmten Situationen an dessen autoritären Vater.
- Ihr Vorgesetzter ist eifersüchtig auf Sie.
- Er ist ein Sadist.
- Er ist kommunikationsschwach und unsicher.
- Er mag Sie nicht.
- Ihre Art stört ihn.
- Er hält Sie für faul oder unfähig.
- Kollegen reden hinter Ihrem Rücken schlecht über Sie.
- Ihr Vorgesetzter ist gestreßt durch die Belastungen in Beruf und Familie.
- Ihr Vorgesetzter sucht die Auseinandersetzung mit Ihnen.

Vielleicht kommen Sie noch auf ganz andere Möglichkeiten als mein Klient, von dem diese Ideen stammen. Er betrachtete nur seinen Vorgesetzten – nicht sich selbst!

Mehr noch als beim Brainstorming wird hier klar, daß ein Problem viele Wurzeln (Rhizome) zugleich haben kann. Deswegen bietet sich das rhizomatische Denken besonders auch bei sozialen Problemen an, die nun einmal meistens viele Ursachen haben.

Von Foucaults Rhizomatik inspiriert, entwickelte Edward De Bono seine Theorie des lateralen Denkens und griff zugleich eine Forderung Friedrich Nietzsches auf, nämlich das »eindimensionale und lineare bürgerliche Denken« zu verlassen, um multiperspektivisch zu denken.

Je größer der Blickwinkel, desto mehr Erkenntnis

Ein Problem lateral zu sehen heißt, es unter mehreren Aspekten zugleich zu betrachten. Wenn es Ihnen gerade gutgeht, sammeln Sie nicht nur Einfälle, warum das jetzt so ist, sondern auch, was das für Sie, für andere, für Kranke und Gesunde, für den Taxifahrer an der Ecke, für Ihren depressiven Freund und wen auch immer bedeuten könnte.

De Bono betrachtete das laterale Denken als Grundlage aller Kreativität und hervorragende Technik, um aus den sich wiederholenden Denkmustern auszubrechen und zu einem beweglichen innovativen Denken zu gelangen. Der laterale Denker scheut keineswegs das Unlogische. Die Systeme, in denen er sich bewegt, sind offen.[32]

Sprungbrett

Kommt Ihnen zu einem Problem ein Gedanke, suchen Sie sogleich nach einem weiteren. Sehen Sie zu, daß Ihnen sogar noch ein dritter und vierter einfallen. Betrachten Sie diese Gedanken jedoch nicht nach dem »Entweder-oder-« sondern nach der »Sowohl-als-auch-Prinzip« (ebenso wie Ihre Träume). Lassen Sie auch Gedankensprünge wie bei der Assoziation zu.

Alle assoziativen Methoden fördern Kreativität – freilich am besten dann, wenn Sie sie regelmäßig anwenden. Sie besitzen einen wichtigen Vorteil: Sie sind leicht, ohne großen Aufwand zu nutzen. Es hilft, wenn Sie zumindest einmal pro Woche für einige Zeit Ihre Realität aus vielen unterschiedlichen Perspektiven heraus betrachten. Sehen Sie es als Spiel! Erwarten Sie neugierig, was Ihnen alles zu Ihren eigenen Handlungen, Wahrnehmungen und Gedanken einfällt. Entspannen Sie sich, indem Sie sich und andere nicht bewerten. Auf diese Weise locken Sie viele Ideen an.

Mind Mapping

Mind Mapping befreit von der Tyrannei vorzeitiger Ordnung, die das Entwickeln von Ideen verhindert

TONY BUZAN,
DER »ERFINDER« DES MIND MAPPING

Das Mind Mapping – hier in einer modernisierten Form vorgestellt – steht zwischen der »närrischen« Assoziation und der logischen Ordnung und stellt die aufwendigste, aber auch effektivste der assoziativen Methoden dar. Es geht immer vom Allgemeinen aus, um zum Speziellen zu gelangen und macht unterschiedliche Zusammenhänge deutlich – speziell solche, die man zuvor nicht gesehen hat. Bei der Planung von Projekten und bei der Suche nach Lösungen unterstützt Mind Mapping die effektive Umsetzung von Ideen. Ferner kann es verschiedene Aspekte und Ebenen eines Problems anschaulich machen, da es eine grafische Methode ist. So ist es besonders für visuell ausgerichtete Menschen geeignet.

Mind Mapping eignet sich gut für den Alltagsgebrauch: zum Planen eines Essens, zum Renovieren eines Zimmers, zum Anlegen eines Gartens, aber auch zur Ausarbeitung von Geschäftsideen sowie für wissenschaftliche Problemlösungen. Es fördert den Ideenfluß, hilft Ideen festzuhalten, effektiver zu planen, eigene Ideen zu präsentieren, sich besser zu organisieren.

Vor allem für komplexe Prozesse ist das Mind Mapping gut geeignet, da es häufig zu ungeahnten Vereinfachungen führt.

Sie haben einen Traum oder eine Vision? Versuchen Sie diese mit Mind Mapping darzustellen. Sie können sich das mind-gemappte Diagramm auch als Meditationsbild weiter ausgestalten, um sich täglich Ihre Vision vor Augen zu halten. Arbeiten Sie dazu das Diagramm zu einem Bild oder einer Graphik um. Sie werden sehen: So kommt Ihr Traum oder Ihre Vision viel besser zur Geltung.

Außerdem hilft eine Mind Map, sich Sachverhalte einzuprägen, und unterstützt so beispielsweise einen Redner, die Inhalte seines Vortrags so zu verbildlichen, daß er sie optimal ausdrücken kann.

Ästhetik und Erkenntnis sind eins

Statt sich Notizen zu machen und auf Zetteln, die man sowieso verliert, Ideen aufzuschreiben, kann man mit Mind Mapping gehirngerecht arbeiten. Das liegt zum Teil an ganz einfachen Sachverhalten: Von links oben nach rechts unten seine Gedanken aufzuschreiben ist in unserem Kulturkreis zwar üblich, aber nicht unbedingt geistig stimulierend. Versuchen Sie es einmal anders: Verlegen Sie den Startpunkt Ihrer Notizen in die Mitte des Blattes. Schreiben Sie Ihre Ideen um diesen Startpunkt herum. Dann zeichnen Sie drauflos, indem Sie einzelne Notizen mit Symbolen und Verbindungslinien versehen, vielleicht unterschiedliche Farben für verschiedene Ebenen benutzen – und schon arbeiten Ihre rechte und linke Gehirnhälfte produktiv zusammen. Ideen fliegen Ihnen zu.

Mind Mapping können Sie übrigens nicht nur konventionell mit Papier und Stift durchführen. Es gibt bereits eine Software namens »MindManager«, die allerdings noch zu schwierig zu bedienen ist, als daß ein spielerischer Gedankenfluß entstünde.[33]

Per Computer oder per Hand auf Papier: Die Schönheit einer kreativen Problemlösung zeigt sich nirgendwo so sinnlich und harmonisch wie beim Mind Mapping. Sind Mind Maps moderne Büro-Kunst? Jedenfalls ist Mind Mapping die graphische Umsetzung der natürlichen Muster unseres Gehirns, die sich in den Netzwerken unserer modernen Welt widerspiegeln. Ob das Telekommunikationssystem oder das Internet, unser Sonnensystem oder die Synapsen unseres Gehirns, alle diese Geflechte ähneln einer Mind Map.

Mind Mapping ist eine assoziative Technik, obwohl es nicht ganz so wild und närrisch ist wie die freie Assoziation. Es gibt sich gesitteter: Man geht von einem Ausgangsproblem aus und schaut, was und wie alles mit diesem Problem zusammenhängt. Dann aber werden diese Zusammenhänge graphisch dargestellt.

Nehmen wir zum Beispiel den Begriff »Kreativität«. Sie schreiben »Kreativität« in die Mitte eines möglichst großen, leeren Blatt Papiers und notieren um diesen Begriff herum alle Ideen und Assoziationen, die Ihnen in den Sinn kommen. Da fällt Ihnen »neue Möglichkeiten entdecken«, »unkonventionell«, »künstlerische und ästhetische Zusammenhänge«, »der andere Blickwinkel«, »Spiel«, »Arbeit«, »Schweiß«, »Spaß« und »jenseits der Logik« ein. Wenn Sie länger nachdenken oder in sich hineinfühlen, dürften noch viel mehr Stichworte und Gedankenimpulse in Ihnen auftauchen.

Mind Mapping: Mandalas einer Idee

Wenn die Einfälle versiegen, schauen Sie sich die Sammlung Ihrer Ideen an, die Sie um den Begriff »Kreativität« angeordnet haben. Verbinden Sie diese Ideen durch Linien miteinander. Dabei ergibt sich eine erste Ahnung dessen, was Sie zur Kreativität sagen wollen. Sie spüren den erfreulichen Schock der Erkenntnis meist als ein erleichtertes Aufatmen. Es ist natürlich noch nichts Endgültiges entstanden, aber Sie haben ein provisorisches Muster vorliegen, das Sie zu weiteren Assoziationen anregen wird. Es wird zunehmend klarer, daß das Chaos der Ideen eine Struktur besitzt, die sich Schritt für Schritt – oft ohne Ihr bewußtes Zutun – herauskristallisiert.

Wenn Sie sich ruhig und entspannt hinsetzen, um erwartungslos mit einer solchen Mind Map zu beginnen, steigen aus Ihrem Inneren gerade jene Ideen auf, welche die Tiefenstruktur des Problems bilden. Nach einer Weile, wenn Sie alle Ideen gesammelt haben, nehmen Sie plötzlich Zusammenhänge wahr, wo vorher keine zu sein schienen. Plötzlich wird sonnenklar, in welche Richtung sich das Ganze bewegt. Es trifft Sie die Gewißheit, daß Sie dieses oder jenes ausdrücken oder umsetzen wollen. Das ist der Kuß der Muse – Sie sind unversehens den vierten Schritt des Kreativitätsmodells gegangen.

Den Begriff in die Mitte des Blatts zu schreiben ist der erste Schritt: Uns ist das Problem, das wir lösen wollen, klar geworden. Deshalb können wir es begrifflich formulieren. Wir können es auch als Zeichnung oder Symbol in die Mitte setzen. Bei Beziehungsproblemen malte eine Klientin ein rotes Herz in die Mitte des Blattes. Bei einem Finanzierungsproblem stellte ein Klient die Zeichnung eines Geldsackes ins Zentrum. Bilder und Symbole verstärken und verdichten das Gemeinte. Sie regen an, den Zentralbegriff mit der rechten Gehirnhälfte zu sehen, die unverbrauchte Sichtweisen produziert.

Mit Bildern, Symbolen oder Zeichen anstelle von Kernbegriffen zu arbeiten hilft, abgegriffene Alltagsbilder auszuschalten. Der Geldsack und das Herz stellen solche Klischeebilder dar. Eine romantische Darstellung wäre: Frau und Mann stehen sich gegenüber, ein Band verbindet sie sanft und fesselt sie zugleich. Und was könnte aus dem Geldsack nicht alles werden?

Sprungbrett

Wie Sie eine Mind Map erstellen

- Schreiben Sie das Thema Ihrer Mind Map in die Mitte eines leeren Blattes. Sie können es auch durch ein Symbol, eine Zeichnung oder ein Logo darstellen.
- Beginnen Sie zu diesem Thema zu assoziieren, und schreiben Sie die Stichworte um das Zentrum herum auf.
- Vom Zentrum aus verbinden Sie die einzelnen Begriffe, die Ihnen einfallen, mit Linien und bilden Verzweigungen zu weiteren Stichworten. Benutzen Sie Pfeile und Markierungen, um wichtig erscheinende Zusammenhänge zu betonen.
- So entsteht ein Netzwerk, in dem Sie durch Farben, Marker und Unterstreichungen Verbindungen und somit Gedanken hervorheben oder Hierarchien sichtbar machen können.
- Bisweilen ist es am Schluß nötig, eine ausgeuferte Mind Map wieder etwas einzugrenzen, um brauchbare Lösungen und Erkenntnisse auf den Punkt zu bringen. Zeichnen Sie dazu am besten eine neue, vereinfachte auf ein frisches Blatt Papier.

Bewertungslos und unzensiert schreiben wir alle Ideen zu unserem Problem oder Anliegen auf. Die Entdeckung einer Richtung, einer Tendenz oder gar einer Antwort ist der Musenkuß, das Erkennen der Tiefenstruktur unseres Problems. Dieses Erkennen der Antwort wird durch die »frei fließende Aufmerksamkeit« gefördert, die schon Freud und Lou Andreas-Salomé empfahlen, um Muster der Psyche zu erkennen. Bei dieser frei fließenden Aufmerksamkeit öffnen Sie sich dem Strom Ihrer Gedanken und achten dabei zugleich auf mögliche Lösungsideen.

Noch ein Tip: Beschränken Sie Ihre Kreativität nicht durch ein zu kleines Blatt! Die Landkarte Ihrer Gedanken braucht Platz. Ein großes Blatt Papier läßt »groß« denken.

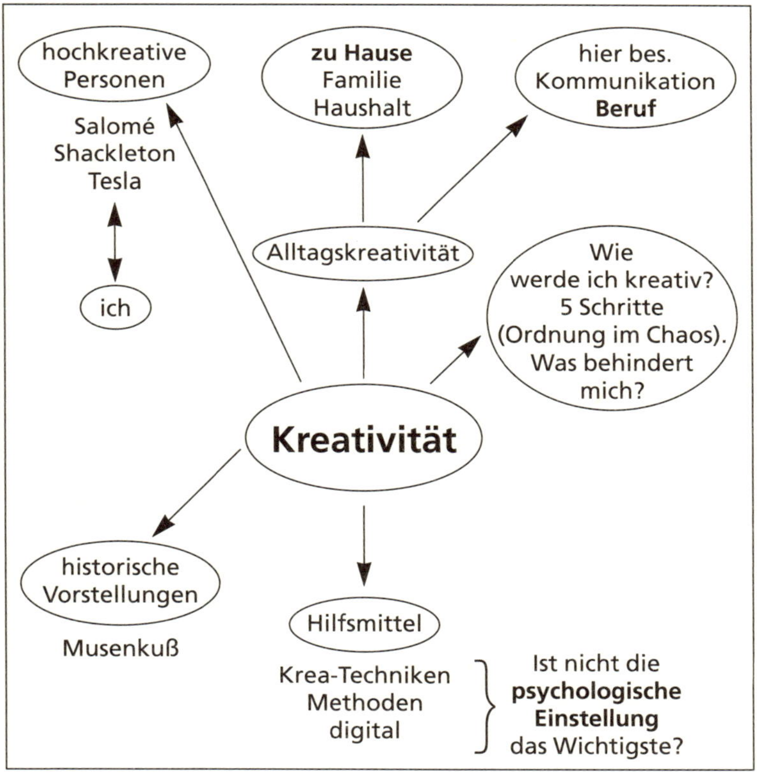

Die Ideen zu meinen Büchern und Projekten zeichne ich meist zuerst als bunte Grafiken auf. Dazu umgebe ich mich mit Buntstiften, Filzstiften, Lineal und Zirkel. Wenn ich sie so vor mir liegen sehe, regen sie mich direkt zum Gebrauch an. Eine Idee in ein anderes Medium – in diesem Fall das der Grafik – zu übertragen, führt oft zu verblüffenden Lösungen. Zeichnen Sie zum Beispiel Ihren letzten Streit als Karikatur oder Diagramm, und sehen Sie, wohin Sie das führt!

Hinter dem Mind Mapping unserer Zeit steht eine Auffassung, die auf die alten Griechen zurückgeht: Was schön ist, ist auch richtig. Das wiederum zeugt von der Erkenntnis, daß die Schöpfung harmonisch und schön ist. Indem ich diese Schönheit entdecke, offenbart sich mir die tiefe Wahrheit der Schöpfung – ich bin zur Essenz der Kreativität gelangt.

Sprungbrett
Skizzieren Sie Ihre Ideen, wenn Sie ein Problem lösen oder etwas besser verstehen möchten. Sie werden bemerken, wenn Sie etwas schön – im Sinne von ästhetisch und harmonisch – darstellen können, dann ist es sehr häufig auch richtig und produktiv.

Die Kunst, über kreative Zeichnungen und Skizzen zu Lösungen zu gelangen, liegt darin, sein Auge und seine Hand tun zu lassen, was sie wollen. Man sollte ohne Intention handeln und dem Unbewußten die Herrschaft über diese Situation überlassen. Kritzeln Sie also ruhig drauflos! Was dabei herauskommt, regt häufig zum Lachen an. Und das ist gut so!

Ästhetik kommt vom griechischen *aisthesis*, das heißt »Wahrnehmung« oder noch treffender: »unvoreingenommen sehen«. So sagt auch der Mathematiker G. H. Hardy: »Die Werke des Mathematikers müssen schön sein wie des Malers oder Dichters; die Ideen müssen harmonieren wie die Farben oder Worte. Schönheit ist die erste Prüfung.«[34]

Ästhetik ist Wahrheit!
Ist Wahrheit ästhetisch?

Imagination

Ich seh, ich seh, was du nicht siehst...
KINDERVERS

Die Begriffe »Imagination« und »Visualisierung« werden im folgenden synonym gebraucht, sie sind austauschbar. Dabei geht es immer um Hilfsmittel, darum die eigenen Sinne zu schärfen, das Gedächtnis zu verbessern, um zu konkreten Zielvorstellungen zu gelangen und Ziele leichter zu erreichen. Dies ist unerläßlich, um kreative Leistungen zu erbringen. In der bildhaften Vorstellung treffen sich links- und rechtshemisphärisches Erkennen, konkretes Ziel und spielerische Phantasie.

Vertrauen Sie der Kraft Ihrer Imagination! Viele Menschen behindern die Entwicklung ihrer Kreativität dadurch, daß sie nicht an die Macht ihrer Vorstellungskraft und ihrer Phantasie glauben.

Schöpferische Leistungen werden eher vom Bild als vom Wort inspiriert. Sprache etikettiert. Sie legt uns fest und ist (schon durch ihre Grammatik) einseitig der Logik verpflichtet.

Imaginationen sind mentale Theaterproben

Jenseits der Worte fängt die wahre Kreativität an: Zum Beispiel wenn Sie das hier lesen, sind es Ihre Ideen und Bilder, die beim Lesen aufsteigen. Diese bestimmen, ob Sie den Text verstehen, mit ihm etwas anfangen können oder nicht. Noch wichtiger als bei Sachbüchern ist dies bei Romanen, wo der Leser mitfühlend die gesamte Geschichte visualisiert. Oft ist man dann enttäuscht, wenn bei der Verfilmung des Buches der Regisseur ganz anders visualisiert hat.

Die Bilder sind frei, individuell und von schöpferischer Kraft. Bilder besitzen die Tendenz, Wirklichkeit zu werden, denn sie konkretisieren unsere Zielvorstellungen.

Innere Bilder und schöpferische Visualisierungen brauchen Sie keineswegs klar wie einen Film zu sehen. Nur optisch ausgerichtete Menschen können innere Bilder ohne Schwierigkeiten scharf und im Detail erzeugen. Regelrecht geübt wird das im tibetischen Buddhismus, wo von Kindesbeinen an mit Visualisierungen von Buddhas und Mandalas – also archetypischen Bildern und Kräften – gearbeitet wird.

Mir persönlich fällt das fotogleiche Visualisieren schwer. Ich habe es nicht vom Kindesalter an geübt. Wenn es Ihnen so geht wie mir, kann ich Sie dennoch beruhigen: Visualisierungen wirken auch, indem man an ein bestimmtes Bild denkt. Stellen Sie sich beispielsweise Ihren Freund oder Ihre Freundin vor. Versuchen Sie, deren Bild vor Ihrem inneren Auge entstehen zu lassen. Entweder Sie sehen es klar wie auf einem Foto, oder Sie haben doch wenigstens ein deutliches Gefühl von diesem Menschen, obwohl Sie nicht sagen können, ob Sie ihn wirklich sehen oder nicht. Es könnte auch ein scharfes Bild auftauchen, das dann jedoch wieder verschwindet. Solche Unterschiede sind für die Wirkung der Visualisierung unerheblich. Stellen Sie sich einfach etwas vor. Wie das genau geschieht, ist nicht von Bedeutung. Wichtig ist nur, daß Sie es tun.

Jenseits der Worte ist die Kreativität grenzenlos

Sprungbrett
Legen Sie dieses Buch zur Seite. Schließen Sie die Augen.

Welche Bilder steigen in Ihnen auf?

Schauen Sie genau hin, und versuchen Sie diese Bilder zu halten. Unser Unbewußtes produziert unermüdlich innere Bilder. Jetzt jedoch gehen Sie einen Schritt weiter: Sie produzieren bewußt ein spezielles Bild, das Sie festhalten und sich genau betrachten. Das ist Visualisierung. Sie können sich vorstellen, daß der Weltgeist Sie wie der gütige Opa an der Hand nimmt. Er führt Sie zum Theater, wo heute Premiere ist: »Liebe und Haß«, ein Stück über Sie wird aufgeführt – und Sie müssen die Kritik schreiben.

Oder stellen Sie sich genau vor, wie Sie selbst aussehen, während Sie lesend hier sitzen. Wenn Sie dieses Bild halten und betrachten können, stellen Sie sich vor, wie Sie in einem Jahr, in fünf Jahren, in zehn Jahren, in zwanzig Jahren aussehen werden. Kommen da konkrete Bilder?

Oder stellen Sie sich den morgigen Tag vor. Der Weltgeist kann Sie ins Morgen bringen! Neugierig geworden? Dann überreden Sie ihn, Sie zu einem idealen Tag Ihres Lebens in einem Jahr, in fünf oder zehn Jahren zu entführen. Was sehen Sie? Wer sind Sie dann?

Und schon beginnen Sie, mittels Visualisierungen Ihr Leben zu planen. So einfach ist das!

Sprungbrett

Und hier gleich noch ein weiteres Visualisierungsexperiment. Sehen Sie sich selbst oder Ihren Partner als wildes Tier. Oder lieben Sie es eher kuschelig?

- Welches Tier taucht spontan vor Ihrem inneren Auge auf?
- Stellen Sie es sich genau vor.
- Wie sieht das Tier aus?
- Was tut dieses Tier?
- Was bedeutet es, daß Sie Ihren Partner oder sich selbst gerade als dieses Tier sehen?

Visualisieren Sie Ihre Zukunft. Spinnen Sie herum, wandern Sie mit dem Weltgeist durch die Zeiten. Lassen Sie Ihre kühnsten Wünsche zu. Prägen Sie selbst Ihre Träume. So werden Sie zum Täter, statt Opfer zu sein. Sie brauchen dabei nicht gleich so starke Visionen wie die heilige Odilia (660–720), eine Urenkelin des Merowingerkönigs Dagobert I., zu bekommen. Sie wird immer mit ihrem dritten Auge abgebildet, da sie als Spezialistin für Visualisierungen und Visionen galt. Noch heute wird sie in Odilienberg in den Mittelvogesen verehrt. Die Pilger erhoffen sich, daß an ihrer geheimnisvollen Wirkstätte etwas von ihrer Fähigkeit auf sie abfärbt.

»So wie ich es sehe, ist die Vision von heute die intellektuelle Zwangsjacke von morgen.«
Gary Hamel,
London School of Economics

Was Sie mit Ihren Visualisierungen bewußt tun, das ge-

Sprungbrett
Wer die Kraft seiner Imagination wirklich stärken und Odilia Konkurrenz machen will, dem schlage ich zum Abschluß folgende Visualisierung vor, die oft wiederholt werden kann, ohne langweilig zu werden.

Stellen Sie sich genau vor, wie Sie einen Knoten knüpfen. Das lehrt Sie, innere Bilder zu halten und zu entwickeln, was bei kreativen Visualisierungen notwendig ist.

Vielleicht fällt es Ihnen leichter, sich vorzustellen, wie Sie den Knoten öffnen. Und sind Sie ein visuell ausgerichteter Mensch, dann stellen Sie sich das Schritt für Schritt in 3-D vor: wie Sie beispielsweise am linken Schnürsenkel ziehen (und hoffen, daß es keinen Knoten gibt), wie sich darauf die rechte Schlaufe verkleinert, durch den Mittelknoten rutscht … und schon ist der Knoten geöffnet!

Was geschah dabei eigentlich mit der linken Schlaufe? Können Sie sich das vorstellen?

schieht unbewußt in Ihren allnächtlichen Träumen, denen wir uns jetzt zuwenden wollen.

Die Traumfabrik – Ihr privates Hollywood

Träume sind die effektivste Problemlösungsmaschine, die wir kennen.
AUS DEM GLOBALNETWORK, ANONYM

Das Land der Kreativität ist groß und weit. Sie gehen durch die Stadt, schauen dem kernigen Jüngling nach. Schon sind Sie in einem Film. Sie fahren Auto, und Ihre Gedanken fliegen der nächsten Parklücke zu. Sie träumen öfter vor sich hin, als es Ihnen bewußt ist. Sie produzieren Filme, sozusagen Lehrfilme zur eigenen Unterhaltung.

Dieses Kapitel über den nächtlichen Traum handelt vom Gegensatz, und zwar vom Gegensatz zwischen dem, was wir »Leben«, und dem, was wir »Film« nennen.

Der nächtliche Traum und die Phantasie inspirieren uns. Sie beherrschen die dritte Stufe des Kreativitätsmodells. In regelrechten Lehrfilmen zeigen sie uns, wie wir unser Leben souveräner meistern können.

Das Schöne daran ist: Jeder träumt und phantasiert. Denn Träume und Phantasien zeigen geniale Problemlösungen auf, schlagen den rettenden nächsten Schritt vor, setzen Möglichkeiten in Szene und eröffnen neue Perspektiven. Das alles wird filmisch umgesetzt, treffend wie ein Werbespot. Diese inneren Kinofilme möchten Sie wachrütteln!

Traum als Phase höchster Kreativität

Der Traum – besonders der nächtliche – ist eine hochproduktive Zeit, in der unser Gehirn so kreativ ist wie in keinem anderen Zustand. Der natürliche Weg, sich inspirieren zu lassen, liegt in der Beschäftigung mit den eigenen Träumen. Sie liefern Ideen, die oft viel praktischer sind, als es auf den ersten Blick erscheinen mag. Genießen Sie Ihre inneren Filme – sie stecken voller origineller Ideen! Werden Sie zum Cineasten, der sich durch seine inneren Filme verzaubern läßt. Auf diese Weise werden Sie mehr Einfälle bekommen und neue Möglichkeiten sehen. Ihr inneres Kino regt Sie an, anders zu handeln als gewöhnlich.

Ist Ihnen schon einmal aufgefallen, daß diese nächtlichen Filme wie im Fernsehen in Serien gesendet werden? Es sind Luxus-Serien mit geringster Einschaltquote, nur für Sie. Aber Sie sind auch der Programmdirektor, der sich Titel für diese Serien ausdenken muß – und das ist gar nicht so leicht, wenn immer nur *Psycho* gespielt wird.

TraumKreativität

Träume und Phantasien zeigen uns unsere kreativen Möglichkeiten. Vielleicht führt sogar der Weltgeist Regie, der alles überschaut, unser Potential kennt und uns bisweilen wie ein guter Freund ermahnt, dieses nicht ungenutzt zu lassen. Weshalb sonst wird diese Lehrfilm-Serie so methodisch gedreht? Sie zeigt genau das, was wir im Alltag nicht sehen wollen. Das innere Kino überrascht uns mit dem sonst Übersehenen.

Das kreativste Organ des Menschen ist sein Unbewußtes

Sprungbrett
Spielen Sie Regisseur. Versuchen Sie in den kommenden Nächten die Bücherei Ihrer kreativen Ideen zu filmen. Wie können Sie Ihre Bücherei, jenen verrückten Ort, filmisch darstellen? Es geht um eine kleine Serie, fünf Filme für die nächste Woche (bisweilen produziert man noch schneller).

Stellen Sie sich vor dem Einschlafen zunächst ein paar Bilder oder Szenen vor, die wieder neue Einstellungen, spannende Szenen anziehen. Ein wenig dürfen Sie eingreifen, aber die Darsteller sind sensibel und verschwinden rasch, wenn Sie sie zu sehr beeinflussen wollen. Spinnen Sie sich fünf Tage lang diese Filmserie zusammen. Dann stehen Ihnen zwei Tage Ruhe zu. Nun kommt die Premiere: Sie bestellen sich die Aufführung der Serie als Traum für die nächste Nacht.

»Das ist verrückt!« mögen Sie denken. Probieren Sie es aber einfach einmal aus. Sie werden sehen, es funktioniert!

Zu Beginn wird die Premiere vielleicht um paar Tage verschoben, und der Film wird in erstaunlicher Weise bearbeitet worden sein. Vielleicht ist er radikaler geworden?

Warum können unsere inneren Filme so genial sein? Sie verbinden Ebenen miteinander, die sonst strikt getrennt sind. Die chaotische Bilderwelt des Unbewußten tauscht sich mit dem Bewußtsein aus, das nun Regie führen will. Unterschiedlichste Gehirnstrukturen sprechen miteinander, die sonst weitgehend isoliert vor sich hin arbeiten. Durch einen solchen Austausch entsteht der bewußt gedrehte innere Film.

Untersuchen Sie jeden dieser Filme daraufhin, was er an Möglichkeiten bietet. Sie finden alles in der Story, in dem Verhalten der Personen und in den Symbolen ausgedrückt.

Der zeitgenössische italienische Psychoanalytiker und Traumforscher Gaetano Benedetti nimmt wie viele Entwicklungsforscher an, daß unser Denken aus dem Sehen entstanden ist.[35] In unserem inneren Film kehren wir zu dieser Ursprungsform des Denkens in Bildern zurück. Deswegen können wir dort intelligenter, klüger, urteilsfähiger, kurzum kreativer sein als im wachen Zustand.

Durch die Poesie der Träume überrascht man sich selbst

Tesla produzierte so viele innere Filme, daß diese Filmproduktion ihn, statt er sie beherrschte. Das wird als psychotisch oder genial betrachtet – aber wer weiß schon, wo die Grenze zwischen Pathologie und Genialität verläuft?

Wir alle wollen immer alles möglichst einfach haben. Das ist verständlich. Kreativität aber ist so paradox und komplex wie das Leben selbst. Der charismatische Niels Bohr – einer der einflußreichsten Physiker der Neuzeit – war davon überzeugt, daß etwas nur dann richtig ist, wenn auch sein Gegenteil zutrifft. Das »janusköpfige Denken«, das Gegensätze und Paradoxien akzeptiert, wird von dem zeitgenössischen amerikanischen Psychiater und Kreativitätsforscher Albert Rothenberg als grundlegend für jeden Ausdruck von Kreativität angesehen. Wenn Sie Gegensätze miteinander verbinden und Paradoxien akzeptieren und betrachten, eröffnet sich Ihnen oft eine neue Welt.

Denken in Gegensätzen und Paradoxien ist philosophische Schatzsuche

Sprungbrett
Versuchen Sie, jedes Problem, das Ihnen begegnet, zu verbildlichen.

Mein Film: Lustige Zwerge bringen mir in kleinen Kiepen und bunten Flickenrucksäcken morgens mein Häufchen Zeit. Dann kommen graue Männer mit ihren Aktenkoffern und tragen dieses Häufchen Zeit viel zu schnell ab. Also muß ich wieder die Zwerge anlocken und sie bitten, einen Nachschub an Zeit vorbeizubringen und zugleich die grauen Männer zu vertrösten. Wie geschieht das? Ich hänge ein großes Schild an meiner Gartentüre auf: Mittagspause! Die Zwerge lieben die Mittagspause, wenn man sich dösend ins Reich der Träume begibt. Sie helfen einem dann flink wie die Heinzelmännchen mit Extra-Zeit aus. Die grauen Herren dagegen haben gelernt, daß es unfein ist, die Mittagspause zu stören (vielleicht nur deshalb, weil wilde Hunde auf einen gehetzt werden, wenn man den Garten ungebeten betritt). So komme ich mit meiner Zeit aus. Dieser innere Film zeigt ein Paradox: Gerade wenn ich wenig Zeit habe, muß ich Ruhepausen einlegen, dann schaffe ich alles besser. Probieren Sie das jetzt einfach mal aus, und wundern Sie sich (nicht).

Tips zur Traumerinnerung

Wie Sie Ihre Traumerinnerung stärken und somit Kreativität in Ihr Leben einladen können:

1. Freuen Sie sich auf Ihr nächtliches Kino, und nehmen Sie sich vor, sich von den Filmen inspirieren zu lassen.
2. Machen Sie schriftliche Notizen zu jedem Film. Ein paar Stichworte genügen.
3. Den meisten von uns fallen ungewöhnliche Ideen ein, wenn sie nachts oder am frühen Morgen plötzlich aufwachen. Deswegen sind Stift und Block am Bett ein Muß für Ideensucher.
4. Nehmen Sie sich morgens nach dem Aufwachen eine Minute Zeit, um Ihren Gefühlen und Gedanken nachzugehen, das bringt Sie zu Ihren Träumen.

Springen Sie nicht gleich aus dem Bett, beginnen Sie nicht mit dem Aufschlagen der Augen sofort mit der Tagesplanung.

5. Sollten Sie sich dennoch nicht an Ihre Filme erinnern, denken Sie sich morgens spontan einen Kurzfilm aus. Sie werden merken, daß das in kreativer Weise Ihre Erinnerung an die nächtlichen Filme fördert.

Die Traumerinnerung ist leichter zu erlernen, als man denkt!

Tips zum Verständnis des inneren Kinos

Nehmen Sie Ihre Träume und Phantasien als innere Filme wahr. Beschäftigen Sie sich mit Ihnen, wie Sie sich mit einem Kino-Film beschäftigen würden. Sie brauchen sie nicht unbedingt zu deuten, indem Sie ihnen einen eindeutige Aussage zuschreiben, spielen Sie statt dessen mit Ihnen herum. Die spielerische Beschäftigung mit dem Film ist wichtiger, als »die Moral von der Geschicht'« zu finden. Die meisten Filmgeschichten haben keine eindeutige Aussage. Sie sind nicht auf *eine* Deutung festzulegen. Die nächtlichen Filme sind schillernd und vielschichtig, und genau das ist ihre Stärke. Das Schillernde und Mehrdeutige führt zur Kreativität, Eindeutiges fördert nur das Gähnen.

Erschlagen Sie Ihren Traum nicht mit seiner Deutung! Lassen Sie dem Film sein Geheimnis

Versuchen Sie, Ihren Film zu verstehen. Gelingt Ihnen das, schauen Sie weiter: Es gibt immer noch ein weiteres, tieferes oder zumindest anderes Verständnis. Filme sind Kunstwerke, die so viele Bedeutungen wie Betrachter haben.

Gelingt es Ihnen nicht, Ihren Film zu verstehen, so lassen Sie sich wenigstens nicht verwirren.

Überhaupt: Was ist Verstehen? Verstehen bedeutet oft, daß man das Verstandene zu den Akten legt und sogleich vergißt. Was man nicht versteht (oder wie die Gestaltpsychologie sagt: wo die Gestalt offen bleibt), das arbeitet in uns weiter. Genau das wollen wir. Denn dadurch bearbeitet unser Unbewußtes das Problem – und führt uns ohne unser bewußtes Zutun zu einer kreativen Lösung.

Sie können Ihre Filme bearbeiten, schneiden und anders besetzen. Vergessen Sie niemals, daß Sie selbst der Produzent sind! Was Sie selbst produzieren, können Sie auch ändern. Gefällt Ihnen ein Nachtfilm nicht, ändern Sie ihn! Ändern Sie seinen Ablauf, seinen Schluß, seine Stimmung. Oder drehen Sie einfach weiter.

Wahrscheinlich wird Ihnen das nicht im Traum selbst gelingen, es sei denn, Sie beherrschen die Technik des bewußten Träumens. Das ist aber auch gar nicht nötig. Sie können sich wie zuvor am Abend hinlegen und sich entspannt Ihren Film mit geschlossenen Augen ansehen. Bearbeiten Sie ihn frei, bis er Ihren Idealvorstellungen entspricht.

Schöpferische Traumarbeit, die mit Visualisierungen arbeitet, fordert das Leben auf, sich nach den eigenen Wünschen zu richten.

TraumKunst
KunstTraum

Daß man seine Träume kreativ ausdrücken solle, forderte Lou Andreas-Salomé. Sie machte darauf aufmerksam, daß die Traumdeutung bei besonders ideenreichen Menschen zu einem Kreativitätsverlust führt, während sie beim »normalen« Menschen dessen Kreativität enorm steigern kann. Der Künstler muß seine inneren Filme im Kunstwerk gestalten, was womöglich eine höhere Form der Deutung darstellt. Der »normal Kreative« dagegen sollte seine eigene Filmproduktion immer wieder analysieren.

Sprungbrett
Schreiben Sie Ihre nächtlichen Filme auf. Versuchen Sie aus jedem Film eine unterhaltsame Kinoversion zu machen. Notieren Sie sich das veränderte Filmskript.

So produzieren Sie Lehrfilme für sich selbst, die Ihre persönliche Kreativitätsnote weiter entwickeln.

Nur seine innere Filme zu konsumieren macht jedoch nicht automatisch schöpferisch, denn der innere Regisseur schafft unbewußt. Kreativität erfordert den bewußten Einsatz des Willens (besonders auf den Stufen 2 und 5). Außer dem Film an sich braucht man den Willen, sich bewußt mit ihm zu beschäftigen. Die Verwirklichung des Traums, die fünfte Stufe im Kreativitätsmodell, ist das Meisterwerk. Träume hat jeder, aber nur der schöpferische Mensch setzt sie um.

Schlafgewohnheiten

Erfolgreiche kreative Menschen können es sich leisten, viel zu schlafen. Zehn Stunden täglich sind dabei keine Seltenheit! Oft genießen solche Menschen den Schlaf besonders morgens, während sie abends spät ins Bett gehen. So entsprechen sie dem Klischee der Boheme (der »Oberkreativen«), das auch ihre Verlage und Agenten gern pflegen. Wir Normalkreative können uns selten zehnstündigen Schlaf leisten. Das haben wir auch nicht nötig.

Können wir es doch, sind wir vielleicht Langschläfer, da wir viel im Unbewußten bewegen. Unser Unbewußtes bearbeitet Probleme speziell morgens. Deswegen sind die morgendlichen Filme die längsten. Je länger Sie schlafen, desto mehr Träume – und somit Inspirationen – bekommen Sie, da die inneren Filme rhythmisch alle neunzig Minuten gesendet werden.

Versuchen Sie, nicht unter sieben Stunden täglich zu schlafen. Denn mit zuwenig Schlaf setzen Sie Ihre kreativen Leistungen deutlich herab. Ihrer Alltagskreativität ist die Müdigkeit spinnefeind.

Der Tagtraum

Jeder Mensch ist ein Träumer – Tag und Nacht! Wer meint, keiner zu sein, träumt am meisten – nur leider unbewußt.

Auch Tagträume sind innere Filme. Wie die nächtlichen Filme wirken sie wahrnehmungserweiternd. Wer am Tag nicht träumt, wird selten von der Muse geküßt!

Auf welche Weise Sie wahrnehmen, zeigen Ihnen Ihre inneren

All unser Wissen gründet sich auf Wahrnehmung – tags wie nachts

Filme auch am Tag. Sie sagen Ihnen zum Beispiel sofort, wenn Sie sich gekränkt fühlen. Sie inszenieren einen Spot, in dem Sie als Superman oder Supergirl dastehen oder als Zorro, der omnipotente Rächer.

Morgens in der U-Bahn verhält sich der Kontrolleur ausgesprochen anmaßend. Sogleich taucht ein Film in Ihnen auf, wie Sie sich bitter an ihm rächen, um diesen Schnösel Ihre Macht spüren zu lassen.

Solche Filme sind reine Energievergeudung – es sei denn, Sie benutzen sie dazu, sich Ihre einseitige Sicht der Realität zu verdeutlichen. Einseitigkeit frißt Kreativität! Sie raubt Ihnen die Energie, die Sie zu einer konstruktiven, erfreulichen Lebensgestaltung benötigen. Ist es nicht viel vorteilhafter, einen solchen Film zu bearbeiten? Dem armen Kontrolleur ist vielleicht seine Freundin weggelaufen. Jetzt muß er seinen Job machen und trifft auf Sie. Seien Sie freundlich! Versuchen Sie, sich diesen mitfühlenden Film auszuspinnen. Sich in andere hineinzuversetzen ist ein wesentlicher Bestandteil alltäglicher Kreativität.

Unsere Realität können wir nur einseitig wahrnehmen. Wir »montieren« sie aus logischen Überlegungen und alten Erfahrungen zusammen. Identifizieren Sie sich mit einer anderen Person, dann verlegen Sie den Montagepunkt und verändern damit Ihre Wahrnehmung der Realität. Spielen Sie im Alltagsleben mit diesem Montagepunkt herum: Versuchen Sie die Realität mit den Augen Ihres Freundes, Ihrer Kunden, Ihrer Kinder oder des Fremden auf der Straße zu sehen. Jedesmal zeigt sich Ihnen so ein anderer Ausschnitt der Wirklichkeit.

Es ist kreativitätsfeindlich, Scheinwelten zu kreieren, in denen wir der oder die Attraktivste, Erfolgreichste, Klügste und Größte sind. Verändern Sie statt dessen Ihre Realität durch bewußt eingesetzte Filme. Seien Sie zum Beispiel besonders freundlich zu dem mürrischen Kontrolleur. Womöglich geschieht ein Wunder: Er wendet sich Ihnen vor Schreck freundlich zu.

Der Kreative ist der Schöpfer seiner Welt, er kann sie zum Wohle aller verändern. Probieren Sie es aus!

Kreative Fülle: Die Qual der Wahl

Du brauchst Chaos in deiner Seele,
Um einem strahlenden Stern
Geburt zu geben.
Friedrich Nietzsche

Bis jetzt ging es darum, wie Ideen uns finden. Es gibt aber auch ein anderes Szenerio: Wir können uns der Ideen nicht erwehren (Tesla-Effekt). Wir sehen die Welt ständig voller Möglichkeiten. Schwirren zu viele Ideen durch unseren Kopf, leiden wir unter der Qual der Wahl. Wie fürchterlich: Wir entscheiden uns für eine Idee und müssen gleichzeitig so viele andere fallenlassen!

Sprungbrett
Wenn Sie durch zu viele attraktive Möglichkeiten verwirrt werden, in die Sie tagträumend verliebt sind, hilft Ihnen ein kleiner Trick, sich zu entscheiden. Denn entscheiden müssen Sie sich, weil eins klar ist: Kreativität heißt zwar, viele Möglichkeiten zu sehen (Phase 2), aber sie erfordert auch, sich zu entscheiden (Phase 5).

Hier also der Trick: Schreiben Sie einfach alle Möglichkeiten auf, die Ihnen interessant erscheinen. Dann untersuchen Sie jede dieser Möglichkeiten daraufhin, was sie in letzter Konsequenz bewirken würde. Machen Sie sich eine Liste: Was ist die Konsequenz welcher Möglichkeit in einem Monat, in einem halben Jahr und in einem Jahr?

Jetzt müßten Sie sich eigentlich entscheiden können. Falls immer noch nicht, experimentieren Sie mit all Ihren Möglichkeiten! Leben Sie morgen so, als ob Sie sich für die erste Möglichkeit entschieden hätten. Leben Sie übermorgen so, als ob es die zweite wäre, und wenn es noch mehr gibt, probieren Sie auch diese aus. Die beste Lösung ergibt sich häufig aus einer Mischung verschiedener Möglichkeiten.

Und noch eins: Handeln Sie, auch wenn Sie dabei Fehler machen sollten. Aus Fehlern können Sie nur lernen. Erstaunlicherweise führen Fehler keineswegs zu weiteren Fehlern, sondern oft zu neuartigen Lösungen. Der Kreative versucht stets auf der Täterseite zu stehen.

Dem Kreativen wird die Qual zur Aufgabe

Sicher haben Sie folgendes schon erlebt: Die praktischsten, brauchbarsten Lösungen stellen sich dann ein, wenn Sie erst handeln und dann schauen, wohin es Sie führen wird. Sie müssen nicht immer ein genaues Ziel vor Augen haben. Es kann sich beim Handeln auch erst herauskristallisieren. Eine Verbindung zwischen rechts- und linkshirnigem Erkennen ist zwar notwendig, um schöpferisch zu agieren – allerdings ist es unerheblich, ob zuerst linkshirnig ein Ziel vorhanden ist oder rechtshirnig eine Phantasie, die man ausprobiert.

In Situationen, in denen sich keine klare Vision einstellen will, weil viele Ideen Sie bedrängen, hilft es, sich (intuitiv) für eine Möglichkeit zu entscheiden. Probieren Sie einfach aus, was Sie damit erreichen können. Und wenn Sie nicht mehr weiterkommen, versuchen Sie es mit einer anderen Möglichkeit. Sie dürfen darauf hoffen, daß sich während des Handelns weitere Möglichkeiten ergeben, an die Sie zuvor gar nicht gedacht haben. Plötzlich weisen Sie Ihnen den Weg.

Wer aber nur sehnsüchtig darauf wartet, daß sich ihm von vornherein jeder Schritt klar und konkret zeigt, der möge bis zum Sankt-Nimmerleins-Tag warten. Irgendwann muß auch er sich fürs Handeln entscheiden. Sonst wird die Muse ihn verstoßen, denn sie liebt die Kühnen, nicht die Verzagten.

Wer sich dem Leben nicht handelnd aussetzt, dem kann das Leben keine Antworten geben

Meine persönlichen Methoden

Ein fachkundiger Problemlöser muß zwei unvereinbare Qualitäten besitzen – rastlose Phantasie und geduldige Beharrlichkeit.
HOWARD W. EVES

Wenn Puh der Bär nicht mehr weiterwußte, sang er ein Lied – und plötzlich war die Lösung da. So einfach ist das im Roman, aber im Leben manchmal auch! Denn kreativ zu sein zieht weitere Kreativität an. Also machen Sie es wie Puh der Bär: Fangen Sie einfach damit an, kreativ zu sein! Egal womit.

Spinnereien

Ich selbst denke mir mit Vorliebe Quatsch aus. Zum Beispiel heute morgen, als ich gemütlich eingekuschelt im Bett lag und so nötig pinkeln mußte. Ich hasse das und dachte ernsthaft über verschiedene Vorrichtungen nach, mit denen ich ohne aufzustehen pinkeln könnte.

Nach solchen Ideen kommen andere Ideen. Einfälle dienen als Köder für weitere Einfälle.

Halb dösend, überlegte ich mir noch, wie ich die Espressomaschine vom Bett aus bedienen könnte. Von einer freundlichen Roboterin in Livree lasse ich mir den dampfenden Espresso im Bett servieren. Ich erahnte noch, daß das irgendwie per Computer möglich sein müßte und schlief wieder ein, um von einem Caféhaus zu träumen, in dem der Wunsch Bestellung ist. Auf diese Weise verschränken sich bewußte und unbewußte Ideenproduktion …

Dieser Tag begann also wahrlich kreativ. Und es ging munter so weiter. Jetzt, da er langsam endet, habe ich meine große Schublade mit Haarklammern und Leim, den roten Rasenmäher mit Hammer und Draht repariert. Außerdem habe ich neben der Gartenarbeit gleich sieben druckfertige Seiten geschrieben. Der Flow war so gut, daß mich abends noch weitere Ideen fanden, unter anderem neue Einsichten zu meiner Lieblingsidee vom sich selbst reinigenden Haus.

Zielsetzungen

Solche Spinnereien sind nur an faulen Wochenenden möglich, wenn ich genügend Zeit habe und nicht gleich aus dem Bett springen oder (noch im Bett) mit kompetenter Ausstrahlung telefonieren muß.

An Wochentagen, wenn ich nicht unter der warmen Bettdecke herumlungern kann, leiste ich mir meinen »Fünf-Minuten-Luxus«: Ich bleibe noch etwas liegen und konzentriere mich darauf, welche Ziele ich heute erreichen möchte. Dabei ist es wichtig, daß es sich um Ziele handelt, auf deren Erreichen ich mich freue. Dazu muß man seine Ziele nicht ständig ändern. Man kann sich auf jedes Ziel freuen. Das ist die Kunst der Kreativität: Sie stellen sich Ihre Ziele so vor, daß Sie sich auf sie freuen. Damit verändern Sie Ihr Ziel oder zumindest Ihre Einstellung notwendigen und selbstgewählten Zielen gegenüber. Sie verwandeln furchtbare in fruchtbare Ziele.

Kreativität beginnt mit dem Setzen von Zielen oder mit ziellosen Handlungen

Wenn ich ein Ziel fest verankern möchte, hilft mir die schriftliche Formulierung des angestrebten Zustands. Ich erkenne dabei sofort, ob ich mir meines Ziels wirklich sicher bin. Ein Ziel, das mir wichtig ist, kann ich elegant, konkret, kurz und treffend formulieren. Gelingt mir das nicht, ist das Angestrebte noch unklar, oder es paßt nicht zu meinen übrigen Werten und Einstellungen.

Jedes Ziel besitzt eine zeitliche Dimension: Es gibt lang-, mittel- und kurzfristige Ziele. Machen Sie sich klar, wann Sie welche Teilabschnitte erreicht haben möchten.

Ziele zu setzen prägt unsere Zeiteinteilung. Jeder hat dabei seinen eigenen Rhythmus. Wer ihm nicht folgt, zieht seine eigenen Leistungsgrenzen enger. Ich bin eine Nachteule, die sich gern abends in ihre Gedanken versenkt, schreibt und liest. Am Morgen fällt es mir schwer, einen originellen Gedanken zu fassen. Des Nachts dagegen scheint mich die Muse zu lieben.

Ich halte eine individuelle und angemessene Zeiteinteilung für genauso wichtig, wie Ziele zu formulieren, auf die man sich freuen kann. Als ich heute morgen im Bett lag und mir die Sonne auf die Nase schien, so daß ich niesen mußte, habe ich mich auf einen ungestörten Abend an meinem Computer gefreut. Hätte ich gleich nach dem Frühstück schreiben müssen, wäre mir alles Mögliche eingefallen, was ich lieber getan hätte. Unruhig hätte ich meine Gedanken zu zentrieren versucht. Die Telefongespräche, Post- und Paketboten hätten mich gestört. Ich wäre sauer gewesen, daß mir auf Anhieb nichts einfällt.

Ziel und Zeit sind Zwillinge

Befriedigende Arbeit ist an geeignete Zeiträume gebunden. Wenn Sie das nicht beachten wollen oder dürfen, wird Ihre Arbeit zur Mühe statt zum kreativen Spiel. Der Morgenmuffel kann keine kreativen Lösungen vor dem Frühstück erwarten. Dem Frühaufsteher fliegen sie gerade in dieser Zeit zu.

Viele Ziele sind auch an bestimmte Lebensphasen gebunden. Mit zwanzig zermartern wir uns den Kopf in schlaflosen Morgenstunden, wie wir unseren Lebensunterhalt verdienen könnten. Sollen wir Sozialarbeiter oder Altenpflegerin werden oder lieber das große Geld verdienen? Welche Arbeit macht Sinn, fragen wir uns ständig und sehen vor lauter Selbstbefangenheit nicht die Chancen, die sich uns bieten. Spätestens zwanzig Jahre später wissen wir, daß man *einfach etwas beginnen muß*. Die Aufgabe besteht dann auch darin, die eigene Arbeit so zu verändern, daß man letztlich seine Ziele verwirklicht – das ist reife Kreativität. Das Leben schenkt nur den wenigsten von vornherein ihr ideales Ziel. Wäre das anders, wäre es reine Zeitverschwendung, sich um Kreativität zu bemühen. Man würde bis zum Sankt-Nimmerleins-Tag auf das kreative Angebot warten. Lebensziele erschafft man sich jedoch selbst, und sie ändern sich mit zunehmendem Alter. Vor und nach der Midlife-crisis sind sie meist völlig verschieden. Das ist kein Opportunismus, sondern ein Zeichen unserer Fähigkeit, uns unser ganzes Leben lang weiterzuentwickeln. Wer noch als Opa den Zielen seiner Jugend anhängt, der ist in der Regel nicht mehr kreativ. Er ähnelt dem Alt-Achtundsechziger, der noch heute glänzenden Auges von der Revolution an der Uni schwärmt, von der keiner mehr etwas hören möchte.

Heute morgen im Bett, halb noch im Traum, fiel mir auf, wie sich meine Lebensziele verändert haben. Ich mußte laut darüber lachen, daß ich jetzt Ziele verfolge, die ich noch vor zehn Jahren vehement abgelehnt hätte. Gleichzeitig wurde mir deutlich, daß die Kreativität ein Ziel braucht, an dem sie sich ausrichtet, sonst verströmt sie sich in der Beliebigkeit und kann nichts bewirken.

Gleich und gleich gesellt sich gern

Eine meiner Leidenschaften ist es, Analogien aufzuspüren. Zum Beispiel: Ich arbeite im Garten und dünne meine Pfefferminze aus, die wie Unkraut alles überwuchert. Genauso verhält es sich mit der Kreativität: Wenn eine Idee alles andere verdrängt, geht es mit den übrigen Ideen bergab. Nur die Vielfalt bringt inneren Reichtum hervor.

> Analogien zu erkennen eröffnet uns die Geheimnisse unserer Welt

Ich achte auch auf Parallelitäten. Da führt mich das eine zum anderen. Der Garten bringt mich zum Schreiben, indem er mich lehrt, Vielfalt und Ausgeglichenheit herzustellen, und daß man täglich Unkraut jäten muß. »Auch«, »vielleicht«, »gerade« und »allerdings« sind die wuchernden Unkräuter im Text, welche die eigentliche Aussage behindern.

Analogien zu sehen prägte das Denken bis weit in das Zeitalter des Barock hinein. Die exzentrischen Alchimisten waren ständig auf der Suche danach. Sie bauten ihr System der Welterklärung, das freilich für uns heute schwer nachzuvollziehen ist, auf Analogien auf. Sie gingen mit unbeschwerter Naivität davon aus, daß gegen Gelbsucht gelbe Blumen helfen und gegen Blutung der »Rote Drache«.

Dieses Denken in Analogien hat mich stets fasziniert. Es ist wie ein ständiges Assoziieren: Alles wird zum Zeichen. Wenn ich mit etwas beschäftigt bin, gehe ich durch die Welt und stoße allerorten auf Hinweise zu diesem Problem.

Alles ist Information, die der Kreative zu lesen weiß

Sehen wir unsere Probleme »in die Welt hinein«, wird die Welt uns zu erleuchtenden Einsichten verhelfen. Die Römer erkannten in den Eingeweiden der Tiere den Lauf der Geschichte, Wahrsagerinnen »sehen« die Zukunft im Kaffeesatz. Ich finde meine Hinweise im Garten, beim Einkaufen oder wie neulich durch den Aufkleber eines vor mir fahrenden Autos. Da stand es schwarz auf weiß: »Nichts ist nichts.«

Der harte Weg zur Kreativität (masochists only)

Wer durch regelmäßige Selbstbeobachtung seine Reaktionsmuster, Stärken und Schwächen erkennt, wird offener für schöpferische Impulse, woher sie auch kommen mögen.

Um das zu verstehen, möchte ich Sie zu einem Ausflug in die wunderliche Gedankenwelt Gurdjieffs einladen. Georg Iwanowitsch Gurdjieff (1866–1949) war ein Weisheitslehrer, der um die Jahrhundertwende Menschen inspirierte, die zu den Kreativsten ihrer Zeit gehörten.[36] Er beschrieb den Menschen als dreihirniges Wesen.[37] Folgende »Gehirne« (oder in modernen Worten: Möglichkeiten der Informationsverarbeitung) besitzen wir:

1. die Intelligenz des Verstandes – die »Weisheit des Kopfes«;

2. unsere emotionale Intelligenz – die »Weisheit des Herzens«:
3. unsere motorische Intelligenz – die »Weisheit der Bewegung«.

Kreativ ist nach Gurdjieff der ganzheitliche Mensch, der diese drei Möglichkeiten *zugleich* anwendet. Arbeiten diese drei »Intelligenzen« zusammen, bilden sie ein unschlagbares Team, dem kein Aspekt des Lebens fremd ist.

Genauso sieht man es im heutigen Geschäftsleben: Personalchefs internationaler Unternehmen betonen, daß Fachwissen von untergeordneter Bedeutung ist. Wichtige Qualifikationen sind dagegen Einfühlungsvermögen, Kooperationsbereitschaft und Aufmerksamkeit. Das alles sind bezeichnenderweise ganzheitliche Eigenschaften, bei denen Klugheit und Gefühl und meist auch die Motorik zusammenkommen. Dort, wo eine Art der Informationsverarbeitung überbetont wird, fallen wir aus der Ganzheit heraus. Deswegen ist es beispielsweise wichtig, nicht emotional überzureagieren, weil dann die drei Zentren nicht mehr in Harmonie sind. Lassen Sie sich von Ihren Gefühlen nicht beherrschen. Das kostet viel Energie, die dann für den kreativen Ausdruck fehlt.

Weniger Drama ist mehr Kreativität

Kreativität entsteht aus der Haltung der Gelassenheit. Machen Sie sich nicht verrückt! Das meiste, worüber wir uns aufregen, sind sowieso nur Kleinigkeiten!

Sie ereifern sich darüber, daß Ihnen jemand die Parklücke weggeschnappt hat. Sie schreien herum, beschimpfen ihn gar als »Idiot!« Bekommen Sie dadurch Ihre Parklücke? Schaffen Sie sich so einen angenehmen Tag?

Kreative Frustrationen

Für die Kreativität ist es besser, negative Gefühle nicht spontan auszudrücken. Seien Sie sich dieser Gefühle wohl bewußt (verdrängend Sie sie nicht!), aber widerstehen sie dem Impuls, sich explosiv zu erleichtern. Im Inneren belassen, schaffen diese Gefühle eine Spannung, die uns Neues sehen lassen kann. Deswegen verfällt der Weise und Bewußte nicht dem Drama, sondern bleibt gelassen. Zorn kostet Energie. Gelassenheit schafft Raum, in dem sich die Energie entfalten kann.

Wer einseitig seinem Gefühlausdruck Raum gibt, der stört das Gleichgewicht zwischen Körper, Gefühl und Intellekt. Entgegen landläufiger Meinung helfen cholerische Gefühlsausbrüche wenig – im Gegenteil, sie besitzen eher die Tendenz, sich zu wiederholen und damit ein automatisches Verhalten zu begünstigen, das kein kreatives Spiel mehr kennt.

Als ich über die Parklückenepisode mit meinem buddhistischen Freund sprach, meinte er lachend: »Der Gelassene sucht sich die nächste Parklücke und trifft dabei die Frau fürs Leben.«

Man gelangt zu konstruktiven Lösungen, wenn Gefühle das Denken inspirieren und man dabei auf seinen Körper achtet.

Sprungbrett

Denken Sie nicht distanziert mit männlicher Objektivität, sondern trauen Sie sich, subjektiv zu sein. Ihre Gefühle sprechen beim Denken mit, Ihr Körper ebenso. Achten Sie darauf, ob Sie sich entspannt fühlen. Wenn nicht, wo verspannen Sie sich? Sitzt Ihnen die Angst im Nacken, oder spüren Sie ein mulmiges Gefühl im Bauch?

Ich habe eine Ferienwohnung in meinem Haus eingerichtet, in der Klienten und Freunde übernachten können. Dieses Appartement ist mir richtig ans Herz gewachsen, da ich es kompromißlos ästhetisch gestaltet habe. Kürzlich bot mir ein Reisebüro an, diese Unterkunft zu günstigen Konditionen für mich zu vermieten. Mein Herz protestierte sogleich und ließ meinen Kopf denken, daß ich mich damit von einem Unternehmen abhängig machen würde: »Du weißt doch, dabei kann man nie gewinnen!« tönt es in mir. Um ganz sicher zu sein, ging ich sofort in die Zimmer, in die die Sonne schien, und genoß ihre Weite und Helligkeit. Hier wollte ich heute Nachmittag bleiben und mich beim Schreiben inspirieren lassen.

Herz, Kopf und Füße hatten gemeinsam entschieden, nicht an die Gesellschaft »Massenhaft Reisen« zu vermieten.

An solchen Entscheidungen zweifle ich nicht mehr – selbst wenn ich dieses Jahr durch die Vermietung fast nichts einnehme, da ich das Appartement und dessen Garten häufig selbst genieße. Die Projekte, die ich dort mit Freunden durchgeführt habe, haben mir mehr Freude und »Einkommen« gebracht als eine Ferienvermietung, denn meistenteils dient diese Wohnung jetzt als Büro, wo wir zusammenkommen, um Projekte zu entwickeln – und das macht mir noch dazu mehr Spaß, als eine Ferienunterkunft zu vermieten. Alle drei Zentren stimmen überein: Nicht zu vermieten ist die richtige Lösung für mich.

Auf der Suche nach kreativen Lösungen vernachlässigen wir oft unser Bewegungszentrum. Mit unserem Körper erstarrt häufig auch der Geist. Beim Beispiel der Ferienwohnung war es wichtig, auf die Sprache der Füße zu hören. Deswegen hilft es bei der Arbeit, sich zu bewegen.

Verlassen Sie öfters Ihren Arbeitsplatz. Das lockert Blockierungen. Habe ich lange am Computer gesessen, gehe ich in den Garten, wasche ab oder sauge mein Zimmer. Dabei kommen mir die besten Ideen, die ich sogleich in den Computer eingebe.

Kreativität ist Bewegung

In einer englischen Werbeagentur entfloh der vorübergehend unansprechbare Art-director öfters in den angrenzenden Park, um als liebenswürdiger Mensch wieder zurückzukehren. »Meine Stifte brauchten Bewegung!« pflegte er schmunzelnd zu sagen, wenn er nach seinem Ausflug mit Buntstiften ein Blatt bekritzelte, aus dem ein Logo wurde.

Auch beim Gehen kommen kreative Gedanken. Nicht nur die alten Griechen, auch das zeitgenössische mathematische Genie Andrew Wiles stellte fest, daß er sich nur beim Spaziergang tief in Probleme versenken kann. Viele »normal Kreative« haben die gleiche Erfahrung gemacht.

Wichtig ist die körperliche Bewegung deshalb, weil sie eine Veränderung der Perspektive mit sich bringt. Ein äußerlicher Perspektivwechsel verhilft nämlich auch zu einer neuen Sicht auf ein Problem.

Doch alle drei Zentren sprechen ständig zu uns. Der Körper sagt uns, wo es lang geht, genauso wie unsere Gefühle und der ewig plappernde Intellekt. Wir mögen jedoch oft nicht zuhören und neigen dazu, die Sprache unseres Körpers zu ignorieren.

Sprungbrett

Halten Sie für einen Moment inne, um sich Ihrer Körperhaltungen bewußt zu werden. Nehmen Sie eine Haltung ein, die Ihren kreativen Ausdruck unterstützt?

Ich bekomme oft Geistesblitze, wenn ich auf dem Bauch liegend lese. Meine Freundin bekommt sie im Bett, wenn sie, eingekuschelt zwischen Kissen, gar nicht mehr zu sehen ist. Welche Haltung bringt Sie auf neue Ideen?

Falls Ihnen spontan keine Körperhaltung einfällt, verzagen Sie nicht. Nehmen Sie beim Nachdenken demnächst eine andere Haltung als gewöhnlich ein. Sie werden bemerken, daß sich mit der Veränderung Ihrer Körperhaltung automatisch Ihre Gehirnaktivität und besonders Ihre Assoziationsfähigkeit ändert.

Ist Ihnen schon aufgefallen, daß Ihnen im Liegen mehr Gedanken zufliegen als im Sitzen?

Das Sitzen stärkt die Gedankenkontrolle, weswegen man im Sitzen meditiert, im Liegen jedoch träumt.

Wenn ich etwas Kreatives erschaffen will, ist es wichtig, Konzentration und Aufmerksamkeit über längere Zeit halten zu können. Ich muß Energie sparen, um mich mit voller Kraft auf das stürzen zu können, was mich interessiert und was mir Spaß macht. Anders komme ich nicht in den Flow.

Deswegen trug Einstein meistens dieselbe Hose und denselben Pullover. »Die Auswahl des richtigen Schlipses am Morgen hätte meine Gedanken gestört, mich abgelenkt«, bekannte er seiner Freundin. Allerdings gibt es auch kreative Dandys, bei denen die Auswahl des wirkungsvollsten Schlipses einen wichtigen kreativen Akt darstellt. Bei ihnen ist die Selbstdarstellung Teil ihrer Krea-

Ist Fließen Aufmerksamkeit?

tivität, wie zum Beispiel beim weltberühmten Romancier Tom Wolfe.

Lernen Sie Ihre Aufmerksamkeit zu fokussieren. Dazu müssen Sie Ihre natürliche Trägheit überwinden. Die zuvor gelobte Gelassenheit ist keine passive Haltung, sondern aktives Bemühen um einen kreativen Lebensstil. Aufmerksamkeit muß um ihrer selbst willen investiert werden. Gurdjieff ließ seine Schüler bis zur Erschöpfung Gräben ausheben und sie sogleich wieder zuschütten – bei voller Aufmerksamkeit, bitte! Wer kreativ sein will, der muß bereit sein, Opfer zu bringen. Man muß für alles bezahlen, auch für seine Kreativität. Der Preis: Wir müssen unsere Bequemlichkeit und Sicherheit aufgeben. Das vermittelte Gurdjieff seinen Schülern auf drastische Weise.

Sprungbrett

Die Selbsterinnerung

Die Selbsterinnerung stellt das Herz der Lehre Gurdjieffs dar: Erst wenn man seine eigenen automatischen Bewußtseinsprozesse beobachten kann, erkennt man seine Möglichkeiten. Wir beobachten, wie wir wahrnehmen, handeln und fühlen. Indem es uns bewußt wird, können wir es ändern.

Wollen Sie es ausprobieren? Dann nehmen Sie sich für die nächsten 14 Tage vor, bei jedem Essen sich beim *ersten* Bissen völlig bewußt zu sein, was Sie fühlen, denken und wie Sie kauen und schmecken.

Jahr für Jahr ging ich zur Gurdjieff-Gruppe und haderte mit dem Umgangston dort – er war autoritär wie auf dem Kasernenhof! Es war eine Gruppe für Masochisten, aber man lernt bekanntlich am Widerstand. Immer wieder ging es um die Selbsterinnerung: Das Einfache, das schwer umzusetzen ist! »Sei dir dessen bewußt, was in dir vorgeht – sei dir deiner Umwelt bewußt«, lautete die Devise.

Die Selbsterinnerung – auf daß Sie sich nicht vergessen

Da der Lehrer uns mit grimmigen Ernst dazu anhielt, zumindest in der wöchentlichen Gruppensitzung diszipliniert Selbsterinnerung zu üben, nahm ich mir vor, ein vorbildlicher Schüler zu sein. Als ich einmal bei seinem Landhaus vorfuhr, richtete ich – wie immer – vorm Aussteigen meine ganze Aufmerksamkeit darauf, mir meiner selbst und meiner Umwelt bewußt zu sein – und trat sogleich in die tiefste Pfütze der Einfahrt.

Meine nassen Socken halfen mir die ganze Sitzung lang, mir meines Körpers bewußt zu sein.

Auch mit trockenen Socken fängt das Kreativitätstraining im alltäglichen Leben mit der Selbsterinnerung an. Selbsterinnerung steigert die Erlebnisqualität, die wiederum die Kreativität steigert. Es ist eine Übung, die Sie Ihr Leben lang durchführen und vervollständigen können, ohne daß sie sich totläuft oder gar langweilig wird.

Kreatives Lesen

Ich liebe kreatives Lesen. Beim Lesen finden mich die Ideen, sie fliegen mir zu. Worum geht es dabei?

Beginnen wir damit, was kreatives Leben nicht ist: Sie sitzen in Ihrem Lieblingssessel und lesen ein Buch. Sie lassen sich mehr und mehr von den Worten einlullen, blättern automatisch die Seiten um und beginnen zu gähnen. Der Schlummer streckt seine unsichtbaren Finger nach Ihnen aus …

Kreatives Lesen ist hingegen nicht passives, unbewußtes Lesen, sondern es geschieht höchst aktiv und bewußt. Es »überfällt« mich immer dann, wenn ich ein fesselndes Buch lese. Dann werde ich ganz zappelig, wenn keine Stifte in der Nähe sind. Ideen, die beim Lesen aufsteigen, schreibe ich als zweiten Text in das Buch (deswegen liebe ich Bücher mit breitem Rand und hasse solche Buchstabenwüsten, die vom einen Rand zum anderen wuchern, als ob mehr besser wäre).

Text gebiert Metatext. Metatext gebiert den ewigen Fluß der Ideen

So entspringt neben dem gedruckten Text ein zweiter Gedankenfluß, dessen Quellen bunten Unterstreichungen entspringen. Praktische Hinweise, die ich bemerkenswert finde, werden grün unterstrichen, gute Ideen gelb und ganz Wichtiges orange. So eigne ich mir aktiv die Gedankenwelt des Textes an. Das Buch wird zu meinem eigenen. Im Zeitalter der technischen Reproduzierbarkeit wird es zum Unikat.

Bekommen Sie beim Lesen Ideen, so nutzen Sie sie! Notieren Sie sich Ihre Einfälle im Text, den Sie lesen, wie es schon die mittelalterlichen Mönche taten, die selbst schönste Handschriften skupellos mit ihren eigenen Kommentaren versahen.

Kreatives Lesen ist subversiv

Wenn Sie diese Ideen nicht aufschreiben, werden Sie Ihnen unweigerlich wieder entfliehen. Blättern Sie bei der nächsten Ideensuche einfach in Ihren Büchern, und lassen Sie sich von Ihren eigenen Kommentaren, Bemerkungen, Gedanken inspirieren. Es lohnt sich – nicht nur für Autoren. Der ruhelos suchenden Dr. Faustus erkannte: »... aufgeschlagene Bücher ziehen Geister an.«

Ich kann Ihnen empfehlen, in Ihrer Wohnung aufgeschlagene Bücher liegen zu lassen. Da liegt bei mir gerade die *Traumdeutung* Freuds neben der Toilette, das Kapitel »Das Unbewußte und das Bewußtsein« starrt mich an. Orange unterstrichen springt mir ins Auge: »Wenn der Traum die Arbeit des Tages fortführt und erledigt und selbst wertvolle Einfälle ans Licht fördert, so haben wir hiervon nur die Traumverkleidung abzuziehen.«[38]

Beim Händewaschen sinne ich darüber nach, ob nicht gerade die Verkleidung das Kreative ist, das Theaterspiel, der Schein.

Aufgeschlagene Bücher neben dem Bett – es muß nicht immer das *Kamasutra* sein – inspirieren unsere Traumwelten. Stellen Sie sich vor, an Ihrer Badewanne lauert Hans Peter Dürrs *Nacktheit und Scham*, dann liegt noch *Das Halsband der Taube* von C.W. Heine und Caroline Alexanders Buch über Shakletons Antarktis-Fahrt mit den beeindruckenden Fotos von Frank Hurley (einem der Männer Shakletons) aufgeschlagen im Schlafzimmer herum. Würde Sie das nicht zum Lesen, Nachsinnen und Träumen verführen?

Ich zumindest kann aufgeschlagenen Büchern nicht widerstehen. Sie zwingen mich dazu, über Ideen, Sätze, Passagen nachzudenken, die ich sonst überlesen hätte. Sie verführen mich zu *eigenen Gedanken*, eben dazu, selbst aktiv und kreativ zu werden. Gäste sprachen mich kürzlich auf die »Geschichte des Todes« an, die aufgeschlagen den Wohnzimmertisch beherrschte. Ein Gedanke gebar den nächsten, und beim Tee feierten wir mit Portwein den Abschied vom therapeutischen Zeitalter.

Ich kann Sie nur warnen vor der Fülle kreativer Ideen, die Bücher hervorbringen – vielleicht sollte Vorgedachtes nur in homöopathischen Dosen genossen werden.

Eine kreative Umwelt schaffen

Unsere Umwelt stimuliert unsere Kreativität – wenn es die richtige Umwelt ist. Das ist wie bei schönen Büchern, die den Geist zur Aktivität verführen.

Wissenschaftler erkannten in den neunziger Jahren, daß eine monotone und als häßlich empfundene Umwelt den kreativen Ausdruck von Erwachsenen behindert.

Durch einen ästhetischen Arbeitsplatz und ein schönes Zuhause motivieren Sie sich zu kreativen Leistungen. »Schön« heißt, daß es Ihnen gefällt. Ihre Umgebung muß Ihre persönliche Note besitzen, denn Sie sind nur schöpferisch, wenn Sie sich wohl fühlen und die Welt vergessen können. Ein individuell gestalteter Arbeitsplatz kann Wunder wirken. Dabei ist es wichtig, sich mit Gegenständen zu umgeben, die Sie symbolisch an Ihre Aufgabe erinnern. Das mag für andere chaotisch wirken: Für *Sie* ist es die »geniale Situation«, in der alles Material und alle Arbeitsmittel bereitstehen. Sie rufen danach, benutzt zu werden!

Unsere Sinne sind die Hebammen unserer Intelligenz

Der Ort, an dem wir leben und arbeiten, muß unsere Bedürfnisse und Vorlieben zum Ausdruck bringen und uns anregen. Er sollte unseren Sinnen Nahrung geben. Sie können dann besser aus Ihrer Routine ausbrechen. Eine duftende Rose auf dem Schreibtisch inspiriert, ebenso Bilder im Büro oder ein schöner Stein neben dem Computer.

Was Ihre Kreativität stört:

- Neonbeleuchtung und kaltes, künstliches Licht
- monotone Farben
- häßliche Gegenstände (schlechtes Design)
- Schmutz
- Lärm
- schlechte Durchlüftung

Was Ihre Kreativität fördert:

- natürliches Licht, wahlweise normale Glühbirnen, Vollspektrum-Leuchtröhren oder geschickt eingesetztes Halogenlicht
- ätherische Duftöle: verschiedene Minzen schaffen eine anregende Atmosphäre, Grapefruit schafft Klarheit, Lavendel wirkt entspannend, Zimt erzeugt Gemütlichkeit
- persönliche Gegenstände auf dem Schreibtisch, Lieblingsbilder an den Wänden und bei Bedarf angenehme Musik
- falls Sie Platz haben, stellen Sie einen bequemen Sessel in Ihr Arbeitszimmer[39]

Feng Shui ist »in«: die Lehre, wie man seine Umgebung nach der chinesischen Harmonielehre inspirierend und hilfreich gestaltet.

Das Unkreativste sind Systeme, die Kreativität erzeugen wollen

»Mit ein wenig Sensibilität verhält man sich doch sowieso nach diesen Prinzipien!« meinte meine Nachbarin, als eine Freundin ihr dieses System anpries. Es ist die Gefahr eines jeden Systems, daß es uns unsere Kreativität enteignet – nicht weil das System schlecht ist, sondern viel grundlegender: weil es ein System ist, etwas Erstarrtes. Systeme schlucken kreative Energien. Und Ordnungssysteme der Ästhetik neigen dazu, das Auge und auch den Sinn des Betrachters zu ermüden. Schöpferische Menschen vertrauen ihrer eigenen Ästhetik, die immer Brüche aufweist.

Was Feng Shui für die Chinesen, war Bauhaus für uns.[40] Dort suchte man das Schöne im Praktischen. Wo das Schöne im Praktischen gefunden wird, wächst die Kreativität – das gilt nicht nur für die große, sondern besonders auch für die kleine Kreativität.

Feng Shui oder Bauhaus oder keins von beidem: Ihre Umwelt darf kein Energiefresser sein. Sie sollte weder permanente Ablenkungen oder Störungen aufweisen, noch durch ihre Monotonie einschläfern.

In der zuvor erwähnten Werbeagentur lief ständig Opernmusik, was mich in der Regel eher zum Mitsingen als zu kreativen Ideen inspirierte.

Sei ein anderer oder sei du selbst!

Kreative Menschen sind schillernd und vielschichtig. Das heißt, sie sind kreativ, wenn Sie zu den vielen verschiedenen Ichs in sich Kontakt haben. Sehen Sie sich einseitig als intellektueller Wissenschaftler, praktische Hausfrau oder sensibler Künstler, so werden Sie nur innerhalb dieser selbstgezogenen Grenzen funktionieren. Kreativität jedoch benötigt grenzenlose Vielheit. Viele Seelen wohnen in Ihrer Brust, die gemeinsam das kreative Werk vollbringen.

Es ist wichtig, daß man sich seiner Identität bewußt ist. Aber diese Identität darf nicht mit Eindimensionalität verwechselt werden.

Ich bin viele

Häufig sind es zudem die anderen, die Sie festlegen. Sie wollen sich ein festes Bild von Ihnen machen, um Sie erfassen und Ihr Verhalten voraussagen zu können. Daß Sie aus widersprüchlichen Ichs bestehen, will man nicht sehen. So wird aus Ihnen mit all Ihren Potentialitäten, Widersprüchen und Veränderungen der festgelegte Typ, der Liebe und

Lob bekommt – allerdings nur, wenn er seinem Bild gerecht wird. Lebendige Kinder werden auf diese Weise zu unkreativen Erwachsenen.

Wollen wir kreativ sein, ist es unsere Aufgabe, die Schäden dieser Sozialisation auszubügeln. Sie können keine der Kreativitätstechniken erfolgreich anwenden, wenn Sie versuchen dem Bild, das andere von Ihnen entwerfen, zu entsprechen, statt ein lebendiges und wiedersprüchliches Wesen zu sein.

Spüren Sie nicht manchmal den unwiderstehlichen Drang, etwas zu tun, das Ihre Umwelt in Staunen versetzt oder gar schockiert? Überkommt Sie nicht bisweilen die Lust, kindisch zu sein und etwas Verrücktes oder Albernes zu tun?

Sie hüpfen über den Gehsteig, strecken dem Polizisten heimlich die Zunge heraus und machen ihrem Vorgesetzten eine lange Nase – wenn er gerade triumphierend das Büro verläßt.

In solchen ausgelassenen Momenten meldet sich Ihre kreative Seite zu Wort. Sie möchte von Ihnen und von den anderen beachtet werden.

Sprungbrett
Seien Sie einmal ein anderer, eine andere. Probieren Sie unterschiedliche Rollen aus – wie im Karneval, der kreativsten Zeit des Jahres. Jemand anderen zu spielen ist wichtig, um die eigenen Fixierungen zu überwinden. Wer immer die therapeutische Brille trägt und guckt, wie er noch besser er selbst sein könnte, der kommt nicht weit, denn er blockiert sich selbst mit eigenen Konzepten.

Wenn der oberflächliche Bruder Lustig den tiefsinnigen Philosophen spielt, die Unschuldige vom Lande den Vamp, dann entfliehen Sie dem Klischee und werden offen für Neues.

»Gerade weil du so bist, wie du bist, bist du anders, als du denkst. In diesem Anderssein liegt der Schlüssel zu deiner Kreativität«, höre ich mich in der Gruppensitzung sagen. Ich fra-

»Das Ich ist eine Illusion«, sagte der Buddha. Kein Ich – alles möglich!

ge neugierig: »Was ist denn das Besondere, das Einmalige an dir?«

Die Forderung »Sei du selbst!« ist nicht gerade originell. Dennoch müssen wir immer wieder an sie erinnert werden. Wissen Sie, was Ihre Individualität ausmacht? Pflegen Sie alle Ihre Ichs?

Kreatives Theater

Man kann alles sein. Wichtig ist, sich bewußt zu sein, was man im Moment ist. Man ist die Rolle, die man gerade spielt. Diese Rolle sollte man gut, das heißt mit Herz, Kopf und Bauch – eben kreativ – spielen.

Eine Dosis Schauspiel ab und zu sollten Sie sich wirklich gönnen! Wer sich einseitig mit seinem Bild identifiziert, tötet seinen kreativen Ausdruck ab. Spielen Sie nicht *eine* Rolle, spielen Sie viele! Neben dem Schauspiel hat mir Tanzen geholfen, meine Starrheit in Körper, Bewußtsein und Gefühl abzubauen.

Einmal die Woche besuche ich deshalb Alisons Tanzgruppe. In dieser Gruppe, zu der ich häufig nur widerwillig gehe, bekomme ich oftmals neue Einfälle und Ideen. Das liegt nicht nur daran, daß ich mich dort ausdrücke, wie ich bin, ohne darauf zu achten, wie ich wirke (es guckt eh keiner). Sondern es liegt vielmehr daran, daß in dieser Tanzgruppe ein besonderer Wert auf horizontale Bewegungen gelegt wird, die nach neuesten Forschungen die Kreativität anregen. Babys bewegen sich hauptsächlich horizontal. Sie drücken sich so selbst aus. Erwachsene bewegen sich hauptsächlich vertikal. Ihre Hauptbewegungen, so zeigen Videos von Diskotheken, Straßen- und privaten Szenen, gehen von unten nach oben und umgekehrt. Erwachsenen ist der individuelle kreative Ausdruck meist peinlich: Sie wollen wie die anderen sein. Aber Anpassung und Kreativität sind feindliche Schwestern.

Kreativität wandelt ständig ihre Form

Achtung Aufmerksamkeit!

Wer seine Persönlichkeit verändern will, muß lernen, seine Aufmerksamkeit in neue Bahnen zu lenken.

MIHALY CSIKSZENTMIHALYI

Kein Ziel, keine Wirkung

Weiter oben war von Gurdjieff – einem Spezialisten für gerichtete Aufmerksamkeit – die Rede. Das Ziel seiner Arbeit war, vom zerstreuten Zustand der Ablenkung in den fokussierten Zustand der Zentrierung zu gelangen. Er erschreckte seine Schüler öfter mit den Fragen: »Was denkst du gerade? Was fühlst du jetzt? Wie spürst du deinen Körper?« Und wehe, man antwortete nicht sogleich.

Warum ist die Ausrichtung der Aufmerksamkeit so wichtig? Weil Kreativität mit dem freien Fluß der Energie zu tun hat.

»Steht Ausrichtung nicht im Gegensatz dazu?« könnten Sie fragen. Die Antwort ist: Nicht unbedingt. Aufmerksam zu sein verscheucht zunächst einmal negatives Denken, das Gift ist für den kreativen Ausdruck. Wenn Sie nicht den Weg der Heiligen gehen, die ständig betend sich bemühen, versuchen Sie es also, indem Sie Ihre Aufmerksamkeit fokussieren – aber Achtung! Vergessen Sie nicht den freien Fluß der Gedanken und Gefühle. Lernen Sie, gegensätzliche Haltungen gleichzeitig einzunehmen. Seien Sie konzentriert und zugleich offen für den freien Fluß der Ideen und Gedanken.

Ich möchte einen Gartenschuppen bauen. Viele Gedanken stürmen beim Frühstück auf mich ein, so daß Tee und Ei ungenießbar kalt werden. Beim Blick über den sonnigen Garten nehme ich alle diese Ideen und Gedanken wahr, selbst wenn ich plötzlich an ein Baumhaus in der Astgabel der Apfelbäume denke. Ich bin mir meiner extravaganten Wünsche bewußt, während ich herumspinne, daß ein Teil des Schuppens als Sauna benutzt werden könnte.

Da ich alle Ideen im Brainstorming auf mich einstürmen lasse, zugleich jedoch auf mein Ziel konzentriert bleibe, entsteht plötzlich das Bild eines Holzschuppens unter den Apfelbäumen klar vor meinem inneren Auge.

Der Aufmerksame nimmt Neues wahr. Die Wahrnehmungsforschung weiß: Man sieht bestenfalls 50 Prozent seiner Umwelt, dem Rest gegenüber ist man blind. Weiß man, was man wahrnehmen möchte, wird man sich darauf ausrichten und sieht mehr. Denken Sie an einen Zauberer: Er lenkt unsere Wahrnehmung auf etwas anderes, so daß wir nicht bemerken, wie das Geldstück aus dem Ärmel fällt oder das Kaninchen in den Hut gelangt.

Wahrnehmung folgt Aufmerksamkeit. Aufmerksamkeit folgt Konzepten

Sprungbrett

Sie wollen aufmerksam und offenen Auges durchs Leben gehen und nicht wie Hans-guck-in-die-Luft ins Wasser unbewußter Gefühle stürzen.

Die aufmerksame Sicht können Sie üben: Personifizieren Sie (wie ein Kind) alles, was Sie sehen. Betrachten Sie Ihre psychischen Kräfte als sich liebende und streitende Ichs.[41] Gegenstände, Pflanzen, Tiere, Haus und Auto, sie alle werden zu Lebewesen, zu denen wir einen persönlichen Kontakt aufbauen können – so wie früher die Menschen zu den Engeln und Göttern, die sie stets als sich selbst ähnlich ansahen.

Diese Personifizierung führt dazu, daß man aufmerksamer und achtsamer durchs Leben geht und kreative Chancen wahrnimmt.

Den meisten Menschen fällt es leichter, ihre Aufmerksamkeit auf Lebendiges als auf Abstraktes zu richten. Versuchen Sie bei Problemen die Elemente der Situation zu personifizieren. Fragen Sie Ihren tropfenden Wasserhahn – so absurd es Ihnen vorkommen mag –, was seinen Schnupfen kurieren könnte. Wenn Sie solche Spiele ernst nehmen, wird sogleich eine meist erstaunlich kreative Antwort in Ihnen aufsteigen. Ob der Geist des Wasserhahns doch antworten kann …?

Im vorigen Kapitel stellten Sie sich vor, Sie (oder ihr Partner) seien ein Tier. Versuchen Sie nun, sich wie dieses Tier zu bewegen. Schlängeln Sie sich wie eine Viper durch den Raum, und nehmen Sie Ihre gewohnte Umwelt aus dieser Perspektive wahr. Setzen Sie sich wie ein Hund unter den Tisch, oder werden sie zur Fliege. Fragen Sie sich: Was kann ich von den Bewegungen und Haltungen des Tieres lernen?

Es ist wichtig, seine Aufmerksamkeit auf ein Ziel hin auszurichten und die Wahrnehmung dann frei fließen zu lassen, um wieder zur Ausrichtung zurückzukehren. Kreativität entfaltet sich in diesem ewigen Kreislauf von Ausrichten und Loslassen.

Faulenzen

Wenn du einen Nachmittag
völlig nutzlos verbringen kannst,
wenn du nicht fragst, wozu das nutzt,
dann hast du gelernt zu leben.

LIN YÜ-T'ANG

In diesem Kapitel beschäftigen wir uns mit dem dritten Schritt unseres Modells kreativer Prozesse – mit der Inkubation, die oft als Faulheit diskriminiert wird.

Wenn Sie das nächste Mal der Faulheit bezichtigt werden, sollten Sie sich auf die Ergebnisse der neurologischen Forschung berufen: Die Datenbasis unseres Unbewußten ist mindestens zehn Millionen Mal größer als die unseres bewußten Denkens. Deswegen meinte Jung, daß das Bewußtsein nur eine kleine Inselgruppe im riesigen Meer des Unbewußten darstelle. Dieses Unbewußte ist die wichtigste Quelle unserer Kreativität. In der schöpferischen Pause, in der Nacht und in den Ferien gibt uns dieser Teil unserer Persönlichkeit Tips; gleichzeitig schenkt er uns die besten Einsichten.

Professionelle Kreative rümpfen oft über das Faulenzen die

Nase, da es einem den Schwung nehme. Ein Kreativling, so meinen sie, beschäftige sich zur Entspannung mit etwas anderem, aber strecke nicht alle Viere von sich. Er bleibe stets aktiv.

»Muße, nicht Arbeit ist das Ziel des Menschen«. Oscar Wilde

Für die große Kreativität mag das zutreffen, nicht jedoch für die kleine. Faulheit muß sein, denn nach dem Herzinfarkt ist man nicht mehr kreativ.

Narren werden oftmals faul auf der Wiese liegend, das Gänseblümchen malerisch im Mund, oder am Fluß angelnd dargestellt.[42] Als die Personifizierung der Kreativität benötigen sie den Müßiggang. Wer nur arbeitet, dem fällt auf die Dauer nichts mehr ein.

Ideen können nicht durch Arbeit und Fleiß herbeigezwungen werden. Faulheit ist notwendig – nicht nur zur Regeneration der Arbeitskraft, sondern auch zur Produktion neuer Ideen. Die Sprache weiß darum, wenn sie davon spricht, daß eine kreative Idee »ausgebrütet« werden muß.

Unser Stufenmodell der Kreativität sagt es klar: Zuerst richtet man seine gesamte Aufmerksamkeit auf das Problem, beschäftigt sich Tag und Nacht damit, um dann loszulassen und dem Unbewußten die Aufgabe zu übergeben, während man Geist, Körper und Gefühl entspannt.

Das Leben ist kein Notfall, bei dem rasend schnell gehandelt werden muß!

Der englische Mathematiker Andrew Wiles gelangte zu einem die Mathematik revolutionierenden Beweis, indem er sich acht Jahre lang Tag und Nacht mit nichts anderem beschäftigte. Um seine Kreativität im Alltagsleben zu entwickeln, ist dieser asketische Weg dagegen nicht nötig. Wiles war besessen von seinem Problem. Nur bei wenigen geht das gut. Besessene landen meistens vor der Lösung Ihres Problems in der Psychiatrie. Da haben sie dann freilich genügend Zeit.

In Japan gibt ein adeliger Herr bei einem Maler das Bild eines Hahns in Auftrag. Der Maler verlangt einen hohen Preis und mehrere Monate Zeit. Der Adelige kommt zum vereinbarten

Sprungbrett
Jeder weiß es – kaum jemand befolgt es: Schalten Sie täglich mindestens eine Viertelstunde lang ab oder – was noch effektiver ist – legen Sie nach jeder Stunde konzentrierter Arbeit eine zehnminütige Pause ein.

Tun Sie bewußt nichts. Rennen Sie nicht herum, räumen Sie nicht auf, telefonieren sie nicht, und denken Sie auf keinen Fall an Ihre Aufgabe. Leeren Sie Ihren Kopf wie den Papierkorb. Erlauben Sie Ihren Gedanken zu ruhen. Ihr Unbewußtes wird schon weiterdenken. Das Leben ist weder eine Katastrophe noch ein Notfall, bei dem rasend schnell gehandelt werden muß.

Vergessen Sie nie, daß die kreative Umsetzung Ihrer Ideen Spaß machen muß – sonst wird sie zum Krampf. Und das merkt man ihr an. Spaß benötigt nutzlos verbrachte Zeit, die sich mit Arbeit abwechselt. Schwitzen und Lachen sind nötig, soll das kreative Werk gelingen!

Der Kreative kann außerdem delegieren und wenn es nur an sein Unbewußtes ist. Einmal wöchentlich ist eine längere Auszeit unabdingbar!

Zeitpunkt, der Maler liegt auf der Matte und döst. Der Herr verlangt, das Bild zu sehen. Da steht der Maler auf, malt den Hahn in einer Minute und verlangt seine Bezahlung. Der Adelige protestiert erzürnt, der Maler antwortet gelassen: »Ich habe all die Monate gebraucht, um den Hahn in mir entstehen zu lassen. Das ist die Kunst.«

Heißt Faulenzen Verlangsamung?

Dem Faulenzen eng verwandt ist die Langsamkeit, die Goethe die Mutter der Musen nannte. Man braucht wirklich nicht immer zu hetzen, auch wenn das seit einiger Zeit en vogue ist. Der Eilige ist selten der Produktive.

Trödeln ist eine Form des Faulenzens, die sehr zu empfehlen ist. Wenn es nicht überhand nimmt, hat es wie das Faulenzen einen Inkubationseffekt. Auch das Faulenzen darf allerdings nicht überhand nehmen, denn der ständig Faule kann nicht kreativ sein.

Für den Faulen gebe ich zusammenfassend einen kurzen Überblick über die in diesem Kapitel vorgeschlagenen Methoden zur Kreativitätsförderung:

- Beginnen Sie Ihren Tag mit einem Ziel, auf das Sie sich freuen und das realistisch zu erreichen ist.
- Unterbrechen Sie Ihre Arbeit, wenn Ihnen nichts mehr einfällt.
- Nehmen Sie sich Zeit für Ruhe und Erholung (besonders wichtig für Workaholics).
- Schaffen Sie sich eine schöne Arbeitsumgebung.
- Geben Sie vielen Aspekten von sich selbst Raum.
- Seien Sie spielerisch.
- Ändern Sie bewußt Ihre Gewohnheiten.
- Achten Sie auf Ihr Unbewußtes (Träume, Gefühle, Eingebungen, Intuitionen).

Jetzt ist dieses Kapitel zu Ende. Wenn Sie dösen wollen, brauchen Sie kein schlechtes Gewissen zu haben.

Kreativität ist Kommunikation

Alles, was uns bleibt, ist Kommunikation.
Jules Verne

Alles, was wir tun, kann als Kommunikation angesehen werden. Selbst wenn wir nicht zu Hause sind, kommuniziert – freilich mit ungewohnter Stimme – unser Anrufbeantworter für uns.
»Ich bin leider nicht zu Hause …«
Ja, aber wer spricht denn da?

Verbale Kommunikation

Reden ist Gold – Schweigen ist feige.
GRAFFITI, HAMBURG

Es ist nicht möglich, nicht zu kommunizieren. Wenn wir unser Leben verbessern wollen, bleibt uns also nur übrig, unsere Kommunikation zu verbessern.

Nach einer umfangreichen Studie der britischen Regierung – National Communication Survey aus dem Jahr 1998 – drückten 80 Prozent aller Befragten den Wunsch aus, ihre Kommunikation zu verbessern.[43] Als sie nach der Art der gewünschten Verbesserung gefragt wurden, fiel auffallend häufig das Wort »kreativ« – oft blieb es jedoch im dunkeln, was damit konkret gemeint war.

Man kann nicht nicht kommunizieren

In der Bibel heißt es, daß am Anfang das Wort war. Aus dem Wort entstand die Welt. Verbale Kommunikation ist also eine schöpferische Tat. Sie erzeugt Welten.

Der germanische Gott Odin (auch Wodan oder Wotan genannt) opferte eines seiner Augen, um das Runenwissen zu erlangen. Ihm war die Schrift (das Medium der Kommunikation) wichtiger als das räumliche Sehen, wozu beide Augen notwendig sind. Der Gott Odin ist die Verkörperung des kreativen Übermenschen, der sich der schöpferischen Kraft der Kommunikation bewußt ist. Für eine optimale Kommunikation ist er zu großen Opfern bereit.

Die Druiden sahen das anders: Sie mißtrauten der Schrift. Nichts durfte niedergeschrieben werden. Sie ahnten, daß die fixierte Sprache die Kommunikation erstarren läßt und somit die Kreativität einschränkt. Sie erkannten als erste, daß eine mündliche Kultur stets kreativer als eine schriftliche Kultur ist. Freilich, zwei sich widersprechende Ansichten!

Stellen Sie sich vor: Da erzählt Ihnen einer an der Theke sein Leben. Das berührt Sie. Sie werden in die Welt einer anderen Person eingeladen.

Verbale Kommunikation bedeutet, sich auf den anderen einzustellen und bereit zu sein, die Welt aus seiner Perspektive zu sehen. Das ist die Veränderung des Montagepunkts, die wir schon im vorigen Kapitel kennengelernt haben. Wer die Welt vom Standpunkt seines Gegenübers aus versteht, der versteht mehr. Mehr wahrzunehmen heißt mehr Chancen zu haben.

Wie bei jeder guten Kommunikation sollte auch im Beziehungsleben die Aufmerksamkeit auf zwei Perspektiven zugleich ausgerichtet sein: auf die Ihres Partners und auf die eigene. Schlüpfen Sie in die Rolle des Partners. Machen Sie ihn nach. Fühlen Sie sich in ihn ein. Erfassen Sie seine Rückmeldungen unmittelbar, und nehmen Sie sie ernst. Tun Sie es nicht, so töten Sie das gegenseitige Verständnis und schaffen Streit.

Kreative Menschen lieben es, Personen aus einem anderen Milieu zu treffen. Dabei entsteht Anregung statt langweiliger gegenseitiger Bestätigung. Da fährt der Filmregisseur U-Bahn, um mit den ausgeflippten Menschen zu reden, die er sonst nie treffen würde. Ihn bringt das auf neue Ideen. (Wollen wir hoffen, daß es den Ausgeflippten ebenfalls nutzt.)

Selbsterkenntnis findet im Dialog statt. Welterkenntnis findet im Dialog statt

Da wir aus Bequemlichkeit am liebsten mit Menschen reden, die unsere Ansichten teilen, vergeben wir die Chance kreativer Kommunikation. Unser Montagepunkt bleibt starr. Erst die Auseinandersetzung mit dem anderen und Fremden bewegt ihn und macht uns kreativ.

Andere Menschen lehren Sie immer etwas. Jeder kommunikative Austausch inspiriert Sie und unterstützt Ihre individuelle Kreativitätsnote. Inspirieren Sie Ihrerseits Ihr Gegenüber. Es ist wichtiger, sich anregen zu lassen, als recht zu haben. Wenn Sie auf Ihrer Meinung beharren, kommen Sie nicht weiter, selbst wenn Sie recht haben. Sie ereifern sich und nehmen den anderen wie sich selbst gar nicht mehr wahr. Nachher fassen Sie sich an den Kopf: »Wie konnte ich nur so blind sein!«

Suchen Sie in jeder Kommunikation das, was Sie inspiriert, was für Sie neu und anders ist. Setzen Sie sich damit auseinander. Wenn Sie es nicht finden, sind Sie nicht aufmerksam genug.

Besonders leicht treffen Sie das andere beim anderen Geschlecht, denn Frauen und Männer kommunizieren grundlegend verschieden.[44] Sie drückt Gefühle aus. Er reagiert, als ob es um eine Arbeitsaufgabe ginge, die effektiv anzugehen ist. Daß Männer und Frauen grundsätzlich unterschiedlich kommunizieren, ist nicht nur erlernt, sondern auch physiologisch bedingt. Beim Reden nutzt der Mann meistens die linke Gehirnhälfte, die für das analytische Denken zuständig ist. Die Frau dagegen setzt beide Gehirnhälften ein, weswegen sie komplexe Informationen schneller und effektiver verarbeiten und kommunizieren kann.

Jetzt könnten die Männer ihre Hände in den Schoß legen und beim nächsten Vorwurf überlegen lächelnd antworten: »Ich kann dich einfach nicht verstehen, das ist biologisch gar nicht möglich!« Weit gefehlt: Gerade im Verständnis des anderen liegt unsere Chance, selbst anders und damit kreativer zu werden. Kreativität entsteht, wenn so Unterschiedliches wie Weibliches und Männliches aufeinandertrifft. Deswegen bieten uns Beziehungen die Chance, kreativer zu werden – indem wir uns auf eine andere Weltsicht einlassen.

Kreative Kommunikation ist Austausch und Interesse am anderen

Ihr Mann erzählt Ihnen wütend, mit welchen nervigen Kunden er sich heute herumgeschlagen hat. Während er sich über die Scheußlichkeiten seines grauen Büroalltags ereifert, fallen Sie ihm ins Wort: »Auch bei mir in der Agentur ging alles drunter und drüber.« Nun legen Sie los. Wie ein Geier stürzen Sie sich auf die kleine Pause zum Atemschöpfen.

Kommunikation ist aber kein Kampf! Die Anstrengung, ständig seinen Einsatz zu erkämpfen, lohnt nicht. So entgehen einem nicht nur die Ideen des anderen, sondern man schafft eine gehetzte Kommunikationssituation, in der kein wirklicher Austausch stattfindet. Immer atemloser wird geredet, immer weniger mitgeteilt. Was bleibt, ist der Kampf ums Wort.

Sprungbrett
Gewöhnen Sie sich an, Ihren Gesprächspartner nicht nur ausreden zu lassen, sondern sogar eine kleine Pause einzulegen, nachdem er zu Ende gesprochen hat.

Obwohl es jeder weiß, muß es ständig wiederholt werden: Lassen Sie andere Menschen ausreden! Hören Sie ihnen aufmerksam zu! Rechtfertigen Sie sich nicht gleich! Nur so kann gute Kommunikation stattfinden. Und nur so kommen Ihnen plötzlich Ideen und Gedanken, die Sie nie zuvor gedacht haben.

Diese grundsätzlichen Bedingungen kreativer Kommunikation habe ich selbst allzu lange und allzu häufig außer acht gelassen. Auf Parties nach dem dritten Glas Rotwein unterbrach ich die spannendsten Gespräche und beharrte eifrig auf meinen Ansichten. Ich lauerte darauf, das Wort an mich zu reißen. Auf diese Weise verliert man Freunde und macht sich unbeliebt. Da ich aber nicht einer werden wollte, der recht hat, aber vereinsamt ist, schritt ich zur Tat. Wenn ich meinen Computer starte und der Bildschirmschoner eingeschaltet wird, fliegen mir folgende Ermahnungen in bunter Schrift entgegen:

Höre anderen zu – sonst verblödest du.
Verständnis geht über Rechthaben.
Laß andere ausreden – sonst schaffst du Streß, unter dem du fürchterlich leidest.

Solche Ermahnungen helfen mir. Vielleicht helfen sie Ihnen ebenso.
Kommunikation heißt Mut zum Risiko. Der andere könnte Sie ablehnen, weil er Sie durchschaut. Oder, was noch schlimmer ist: Er liebt Sie nicht (mehr).

Versuchen Sie trotzdem, ehrlich zu sprechen. Unsere Sprache drückt nicht nur unsere Sicht der Welt aus, sie prägt sie. Achten Sie darauf, wie Sie etwas sagen. Das Wie sollte an dem Ziel ausgerichtet sein, daß Ihr Gegenüber Sie mühelos versteht. Verstehen

Sprungbrett
Sie erwischen sich immer wieder dabei, daß Sie das Wort an sich reißen. In hartnäckigen Fällen ist es notwendig, sich auf Parties und bei öffentlichen Anlässen ein relatives Schweigegebot aufzuerlegen. Das kann wahre Wunder wirken. Es braucht nicht gleich wie bei den Trappisten zuzugehen, indem Sie völlig verstummen. Aber versuchen Sie doch einmal, wie ein Diener nur dann zu sprechen, wenn es notwendig ist oder man sich an Sie wendet.

Wenn Sie dies des öfteren praktizieren (und nicht explodieren!), wird Ihre Kommunikation garantiert kreativer, produktiver und erfreulicher werden. Ein Nebeneffekt ist, daß Sie viel lernen und neue Freunde gewinnen.

steht in der kreativen Kommunikation im Vordergrund, nicht Selbstdarstellung! Wenn der Arzt mit gewichtiger Miene den Patienten mit einer unverständlichen Mischung aus Griechisch und Küchenlatein bombardiert, dann leidet er wahrscheinlich an Minderwertigkeitsgefühlen.

Sprungbrett
Ist Ihnen klar, was Sie sich von einem Gespräch erhoffen?

Verhalten Sie sich dementsprechend. Beobachten Sie sich selbst beim Reden und Zuhören. Erreichen Sie dieses Ziel?

Wenn nicht, versuchen Sie zu verstehen, was Sie daran hindert oder wie Sie sich selbst behindern.

Stellen Sie eine Liste Ihrer Verhaltensweisen auf, die ersprießliche Gespräche untergraben. Versuchen Sie bewußt, dieses Verhalten durch ein konstruktiveres zu ersetzen.

Kommunikation ist nur dann erfolgreich, wenn sie nicht einseitig verläuft. Der Kommunizierende allein – außer wenn er seelisch krank ist – zeichnet dafür verantwortlich, daß er richtig verstanden wird.

Wenn Sie offen und ehrlich kommunizieren, ziehen Sie die

Menschen an, die Ihnen guttun. Verstellen Sie sich (ob bewußt oder unbewußt), geraten Sie regelmäßig an die falschen Gesprächspartner: an jene, die sich auch verstellen, oder jene, die Sie so nehmen, wie Sie sich geben. Aber so sind Sie ja gar nicht. Und schon entstehen Mißverständnisse, und Ablehnung ist die Folge.

Wer falsch spricht, wird falsch

Sprungbrett
Die wilde Emma (12) und der sommersprossige Hans-Dieter (11) stehen sich direkt gegenüber. Sie werfen sich die witzigsten Töne an den Kopf: »Wir erfinden eine neue Sprache!« erklären sie dem staunenden Beobachter ihr seltsames Tun.

Dieses kindliche Spiel kann auch Ihnen helfen. Unterhalten Sie sich mit Ihrem Partner wie die beiden Kinder: Lassen Sie einfach Silben, Töne, Wörter, Laute aus sich herausfließen. »Gibberisch« wird das genannt. Gibberisch ist eine lustige Möglichkeit, weg vom erstarrten Ausdruck und hin zum spontanen Gefühl zu gelangen.

Jeder, der auf einen kreativen Ausdruck wert legt, sollte einmal täglich diese »Sprache« sprechen.

Ganz mutigen Narren sei gesagt: Man kann das auch mit sich selbst vor dem Spiegel tun ...

Nonverbale Kommunikation

Kommunikation geschieht auf vielen Ebenen. Das Reden ist nur eine, und nicht einmal die wichtigste. Wenn Sie die Straße entlanggehen, kommunizieren Sie ständig: vom Schwung Ihrer Hüften bis zum Aufschlag Ihrer Augen – alles ist Kommunikation. Das mag Ihnen nicht bewußt sein, aber andere nehmen es sehr wohl wahr.

Und Sie bemerken sogleich, wenn Ihnen einer etwas vormacht.

Wenn er sich Ihnen als der Größte darstellt und dabei rote Ohren bekommt, ist die Botschaft: Hier stimmt etwas nicht. Wenn die coole Schöne bei der Begrüßung schwitzt, scheint sie (glücklicherweise) gar nicht so cool zu sein.

Unverständliche Körpersprache macht Angst. Angst tötet Kreativität

Stets wird verbal und nonverbal zugleich kommuniziert. Kommunikation ist eben komplex. Es ist ein Zeichen von Kreativität, das Kommunizierte in seiner Komplexität zu erfassen, die Signale richtig auszusenden und zu deuten. Wenn Sie sich unverstanden fühlen, machen Sie sich nicht verständlich. Wie könnten Sie anders kommunizieren?

Bei der nonverbalen Kommunikation spricht die Weisheit des Körpers. Vor allem Emotionen werden auf diese Weise ausgedrückt. Wenn Sie Ihren Schatz küssen oder mit phallisch erhobenem Zeigefinger drohen, wenn Sie das Gesicht verziehen oder stirnrunzelnd gen Himmel schauen, dann kommunizieren Sie nonverbal.

Wie wäre es, wenn Sie sich Ihrer Mimik und Gestik bewußt würden? Wenn Sie sie einsetzten, um für Ihr Gegenüber verständlicher zu werden? Der Meister der Kommunikation überlegt wie ein Schauspieler, wie sein körperlicher Ausdruck, seine Sprache und sein Auftreten Verständnis unterstützen.

Es ist wenigen bewußt, wie mächtig Ihre Körpersprache ist. Wer kreativ durch seinen Körper kommunizieren möchte, der sollte bewußt schauspielern oder eine Psychodramagruppe besuchen. Er sollte versuchen, in einen anderen Körperausdruck zu schlüpfen. Wenn die Körperhaltung lockerer wird, wird der Geist beweglicher.

Vollendete Kummunikation vereint Sprache und Gestik

Eine Freundin von mir geht regelmäßig in die Discothek, um sich auszutanzen. »Beim Tanzen kommen mir die besten Einfälle. Je wilder das Tanzen, desto kühner die Ideen«, bestätigt sie. »Ich verstehe durch meinen Körper!«

Wer wahrhaft kreativ kommuniziert, versteht beides: die verbalen und die nonverbalen Kommunikationsebenen. Er kann sich hier wie da ausdrücken. Vollkommene Kommunikation ist, wenn der Gedankenflug der Sprache vom Körperausdruck der Gestik unterstützt wird.

Daß einerseits einseitige nonverbale Kommunikation Mißverständnisse provoziert, zeigt sich bei dementen Alten. Jede Pflegerin kennt die Situation, daß sie ins Zimmer tritt und der Gestank sie erschlägt. Der Patient hat sich von oben bis unten mit Kot beschmiert. Daß der Patient hiermit sein Bedürfnis nach Nähe und Berührung ausdrückt, die er durch das Waschen erhält, geht angesichts des Ekels verloren. Diese Kommunikation ist eindeutig fehlgeschlagen.

In der kreativen Kommunikation kommt Verstehen vor der Selbstdarstellung

Sie schlägt genauso fehl, wenn Sie von Ihrem Partner erwarten, daß er Ihnen Ihre Wünsche immer von den Augen abliest.

Sprungbrett

Kommunizieren Sie eindeutig?

Werden Sie sich bewußt, welche Signale Ihr Körper gewohnheitsgemäß von sich gibt. Fragen Sie Ihren Partner, Ihre Freunde, Familienmitglieder oder auch Arbeitskollegen, wie Sie wirken.

Besonders in der Kommunikation zwischen den Geschlechtern wird oft (bewußt) uneindeutig kommuniziert. Man ziert sich und spielt sein Spielchen. Da sagen Sie: »Bleib mir ja vom Leib!«, und Ihr Körper rückt näher.

Gelungene Kommunikation ist eindeutig, da widersprechen Becken oder Brust nicht der Zunge.

Halten Sie öfters am Tag für zwei Minuten inne, um sich zu fragen, wie Sie gerade kommuniziert haben.

Kreativ private Beziehungen leben

Sich zu verlieben ist kreativ! Wer kreativ ist, zieht leicht einen passenden Partner an. Er ist erfinderisch, was in Beziehungen geschätzt wird. Und er oder sie ist offen für neue Erfahrungen – jemand, mit dem man gern zusammen ist.

Eine Beziehung zu leben ist noch kreativer. Eine Beziehung zu beenden kann eine ebenso kreative Leistung sein. Beides verhilft Ihnen dazu, sich vom Routineverhalten in Ehe und Beziehung zu lösen.

Jeder weiß, wie gut es tut, seinem Partner zu sagen, daß man ihn liebt. Was gibt es noch Gutes, das Sie Ihrem Partner sagen könnten? Seien Sie kreativ. Und: Nehmen Sie sich vor, es ihm oder ihr auch wirklich zu sagen!

Kreativität in der Beziehung liegt in den kleinen Dingen, die man sich plötzlich zu sagen oder zu tun traut. Denken Sie nicht, Kreativität sei etwas Großes und Schwieriges. Damit blockieren Sie sich nur. Was zählt, sind die kleinen Gesten der Liebe.

Kreativität macht erotisch. Kreativität ohne Liebe ist boshaft!

Ihr Partner lebt in einer anderen Welt als Sie, so nahe er Ihnen auch stehen mag. Sehen Sie das nicht als Problem an, sondern als Ihre Chance, Neues zu erfahren. Bedenken Sie immer: In Beziehung und Freundschaft brauchen Sie sich nicht zu beweisen. Statt dessen sollten Sie lieber Anerkennung geben und Herzenswärme kommunizieren. Kreativ ist, wenn Sie Meckern und Nörgeln durch aufbauende Gespräche ersetzen.

Wir sind gewohnt, das andere Geschlecht mit sexuellem Blick zu betrachten. Die kreative Wahrnehmung menschlicher Beziehungen beschränkt sich nicht auf diesen einen Aspekt – wenn er jedoch fehlt, wird die Kommunikation meist langweilig.

Sex

Sexualität ist die intensivste Kommunikationsform. Eine Beziehung, in der es keine lebendige Sexualität gibt, hat daher schlechte Chancen. Es fällt den meisten Paaren schwer, den Spaß an der Sexualität über die Jahre aufrechtzuerhalten. Das liegt daran, daß wir nicht gewohnt sind, unsere Sexualität zu kultivieren. In allen möglichen Bereichen lernen wir dazu, bilden uns weiter und besuchen spezielle Seminare; aber ausgerechnet auf diesem wichtigen Gebiet bleiben viele von uns naiv und unkultiviert. Was Männer Frauen und Frauen Männern als Sexualität anbieten, ist häufig abschreckend langweilig.

Sexualität ist die intensivste Kommunikationsform

Gerade in der Sexualität ist Ihre Kreativität gefragt. Ohne sexuelle Kreativität wird keine Frau ihren Mann zum potenten Liebhaber machen und kein Mann seiner Frau das besondere Strahlen schenken können.

Sie lesen es in jedem Sex-Ratgeber, aber ich will es Ihnen trotzdem nochmals sagen, weil es offenbar nicht oft genugt wiederholt werden kann: Spielen Sie! Spielen Sie Quasimodo, den häßlichsten Mann, der die Schöne anmacht. Spielen Sie Mister oder Miss Universum. Spielen Sie Doktorspiele, Lewinsky und Clinton und was Ihnen sonst noch alles einfällt. Kreativ ist in der Sexualität, was Spaß macht und an- und erregt! Es sind Ihre Phantasien, die das Empfinden Ihrer Sexualität prägen. Und vergessen Sie alle Bewertungen.

Ändern Sie Ihr Verhalten mit den verschiedenen Stellungen. Spielen Sie gerade das, wovor Sie sich am meisten fürchten.

Moral ist eine Fessel, die unglücklich macht. Kreativität wirkt entfesselnd

Nun hat man nicht immer einen Partner. Oder der Partner ist gerade auf Reisen, zu sehr beschäftigt – vorübergehend unerreichbar. Solche Zeiten des Alleinseins sind wichtig, um immer wieder zu sich selbst zu kommen. Denken Sie an den Narren. Er tritt stets ohne Frau und irgendeine Bindung auf. Er ist frei. Distanz bringt häufig neue, kreative Perspektiven!

Der Kreative nutzt die Zeit des Alleinseins, um sich seiner wahren Bedürfnisse bewußt zu werden, um zu verstehen, welche Muster er bislang blind wiederholt hat, welche Verhaltensweisen schon bei den Beziehungen davor in die Sackgasse führten. So findet er neue Wege, um seine Beziehung anders, lebendiger und neu zu gestalten.

Kreativ arbeiten

Ideen liegen in der Luft.
Schließen Sie die Tür,
daß kein anderer sie findet.

Thomas Alva Edinson
zugesprochen

»Geschäftsleben ist Spiel. Deswegen ist der kindliche Gesichtspunkt dabei so wichtig. Wenn mich etwas interessiert, werde ich aufgeregt wie ein Sechsjähriger«, bekannte der Regisseur und Weinbauer Francis Ford Coppola in einem Interview über seinen außergewöhnlichen Erfolg im Beruf.

Jeder Mensch wird neugierig geboren

Was können Sie tun, um kreativer zu arbeiten? Seien Sie neugierig! Neugier steht am Anfang aller Kreativität, denn Neugier ist Wißbegierde. Stellen Sie vor allem das Selbstverständliche in Frage. Am Anfang einer Vision steht immer eine Frage! Leider ist unsere Gesellschaft einseitig auf Antworten fixiert. Mißtrauen Sie den Antworten, fragen Sie! Fragen Sie Ihre Kunden, Ihre Geschäftspartner, Ihre Bank, Ihre Mitarbeiter, Ihre Vorgesetzten und jeden, mit dem Sie in Verbindung stehen. So können Sie herausfinden, was zu verbessern ist. Werten Sie die Informationen aus, entwerfen Sie Ihre Zukunft selbst. Sonst finden Sie sich irgendwann in einem Leben wieder, das unter Ihrer Würde ist. Und bedenken Sie: Es gibt keine kreative Arbeit ohne Vision! Kreative Erneuerungen, die auf Visionen zurückgehen, sind dagegen hoch rentabel.[45]

Die Weichen für die Zukunft stellt man am besten selbst

Wissen Sie erst, was Sie tun wollen, fehlt nur noch die Vision, wie Sie es am besten tun können. Zunächst sammeln Sie systematisch Ideen, die dann in einem Zeit- und Aktionsplan konkretisiert werden. Nehmen wir an, Sie haben eine Geschäftsidee: Stellen Sie sich den erwarteten Geldfluß vor und wie Sie Ihre Kunden zufriedenstellen. Machen Sie sich aber auch klar, wo Hindernisse bei der Umsetzung liegen könnten. Mit assoziativen Techniken werden Sie praktikable Lösungen finden.

Tun Sie alles, was Sie tun, so gut wie irgend möglich. Aber verstehen Sie das nicht falsch: Damit sollen Sie sich nicht unter Streß setzen, sondern Ihre Freude an der Arbeit steigern. Freude gehört zur Kreativität wie der Spaß zum Spiel.

Selbst wenn Sie alles perfekt ausführen, bleiben Sie sich bitte darüber bewußt, daß es stets noch eine bessere Lösung gibt. Seien Sie mit Ihrer Arbeit zufrieden, und suchen Sie dennoch nach weiteren Möglichkeiten.

Alles möglichst gut durchzuführen – elegant und formvollendet – macht Spaß. Ob Autofahren, Abwaschen, die eigene Arbeit präsentieren, Unkraut jäten oder der Chefin die Meinung sagen: entweder Sie tun es mit ganzem Herzen oder gar nicht. Entscheiden Sie sich für letzteres, können Sie stolz auf sich sein und neue Aspekte an Ihrer Arbeit entdecken, die dann garantiert nicht langweilig wird. Kreativitäts-Guru Csikszentmihalyi schlägt vor, sogar das Zähneputzen zu einer kreativen Handlung ausarten zu lassen, bei der man neue Aspekte und Herausforderungen entdeckt. Als Nebenprodukt wird man sicher weniger unter Karies und Parodontose leiden.

Allerdings wirft der Perfektionismus auch gleich kreativitätsfeindliche Schatten. Manche mißbrauchen ihn als Ausrede, um nicht oder nur verzögert zu handeln. Ihre Vision sollte sich nicht als Kopfgeburt im Detail verlieren und zu einem zwanghaften System erstarren. Damit werden Sie sicherlich nicht den erhofften Erfolg haben. Kreative Lösungen stellen sich beim Handeln ein. Und während wir handeln, müssen wir unsere Vision weiterentwickeln. Der Kreative weiß, daß er nur erfolgreich sein kann, wenn er sich ab und an kleine Mißerfolge zugesteht – aus denen er freilich lernt.

Kreative Menschen braucht das Land, Ihre Firma, Ihr Arbeitsteam

Lassen Sie sich nicht von den Götzen des Erfolgs tyrannisieren! Alle abstrakten Konzepte von Erfolg und Mißerfolg treiben uns dazu, auf Status, Einkommen und Macht zu setzen, statt uns auf unsere konkrete Aufgabe zu konzentrieren. Es ist eine vielfach belegte Erfahrungstatsache, daß gerade derjenige ewig auf seinen Durchbruch warten muß, der »auf Teufel komm raus« erfolgreich sein will.

Die Angst vor Mißerfolg ist allerdings genauso hemmend, da sie verhindert, daß wir aus unseren Erfahrungen lernen.

Kornelius Schreiber gehört zum ersten Typus. Er ist Autor zahlreicher Lebenshilfe-Bücher. Gleichzeitig hat er jahrelang eifrig an einer Romanidee gearbeitet. Um jeden Preis will er als erfolgreicher Romanautor gefeiert werden und die wenig spektakuläre Existenz eines Sachbuchautors hinter sich lassen. Er überlegt sich, wie sein Roman angelegt sein muß, um verfilmt werden zu können, wie er das Thema so gestaltet, daß es in einer PR-Kampagne leicht zu vermarkten sei. All diese Überlegungen blockieren seine Kreativität so sehr, daß das Ergebnis eine Schreibhemmung ist. Wo bleibt nur der ersehnte Erfolg?

Die krampfhafte Ausrichtung auf Erfolg ist schon dadurch kreativitätstötend, daß sie das Verlangen nach »mehr« schürt. Wer wie Kornelius Schreiber einseitig vom Erfolgsdenken geprägt ist und immer nur seinen Status vor Augen hat, der verliert den notwendigen Kontakt zu seinem Publikum und die Freude an der Produktion. Das Produkt strahlt keine Frische mehr aus, es wirkt bemüht. Dies gilt für Autoren ebenso wie für Werber, Verkäufer – im Grunde für alle von uns.

Jeder Mensch wird neugierig geboren, um zu lernen

Außerdem ziehen Sie grundsätzlich weniger Erfolg an, wenn es Ihnen um Ihren individuellen Reichtum geht, als wenn Sie den Dienst an der Gesellschaft im Blick haben. Ihre Kunden, die Umwelt und auch Sie sollten etwas von Ihrer Geschäftsvision haben – aber nicht *nur* Sie! Schauen Sie sich den kometenhaften Aufstieg von *The Body Shop* an. Diese kreative Geschäftsidee setzte sich erfolgreich durch, da sie sich unter anderem gegen Tierversuche wendet, wodurch sie in einem größeren Zusammenhang gesehen wird.

Der Managementberater und Zukunftsforscher Gerd Gerken geht davon aus, daß wirkliche Neuerungen in der Wirtschaft dort geschehen, wo das Denken des einzelnen »nicht mehr hinkommt«. Da alle Märkte in ein undurchschaubares Wettbewerbskarussell münden, entstehen Änderungen und Neuheiten willkürlich. Sie sind rein intellektuell nicht mehr zu verstehen. Intuitive Kreativität ist gefragt, um im Willkürlichen zielgerichtet zu handeln, denn sie nimmt größere und überpersönliche Zusammenhänge wahr. Das heißt, daß Kreativität für Impulse aus dem kollektiven Unbewußten offen ist, die weise, aber nicht unbedingt logische Lösungen fördern.

Kreativität ist Co-Kreation. Der Geist der Kreativität nimmt am Weltgeist teil, und deswegen lautet die wirtschaftliche Devise:

»Think cosmic!« Der individuelle Erfolg ist mehr denn je von der gesamtgesellschaftlichen und wirtschaftlichen Entwicklung abhängig – und die ändert sich so schnell wie nie zuvor.

Wenn der kosmische, also der ganzheitliche Aspekt in unsere Wahrnehmung und unser Handeln integriert wird, wenn er das eigene Bewußtsein zu prägen beginnt, sind wir in der Lage, wirtschaftlich sinnvoll zu handeln – wie das Beispiel *The Body Shop* zeigt. Sind wir nicht mit den Bewegungen des Weltgeistes im Einklang, handeln wir unfruchtbar und stümperhaft. Wer sich innerhalb der Grenzen seiner eigenen kleinen Welt bewegt, statt sich durch das Größere bewegen zu lassen, der wirkt zwar höchst dynamisch, aber er wird keinen Erfolg haben – auch wenn er noch so viele hochspezialisierte Berater konsultiert.

Kollektive Sehnsüchte als Motor kreativen Denkens

Schwingen Sie sich auf die Launen des Zeitgeistes ein, indem Sie Bestseller lesen, Erfolgsfilme schauen und Werbung kritisch betrachten! Welche modernen Mythen finden Sie dort? Welche Sehnsüchte drücken sich dort aus? Wie können Sie diese Mythen und Sehnsüchte gewinnbringend in Ihre Geschäftsvision integrieren? Würden Jugendliche Ihre Geschäftsvision »cool« oder gar »geil« finden? Zu sehen, was der Zeitgeist erfordert, und sich danach zu richten ist kreativ.

Wir leben nicht mehr in einem Zeitalter der Buchhalter. So wenig Kreativität kann sich heute keiner mehr leisten. Da sich alle Verhältnisse vom Markt bis hin zur Unternehmenskultur rasend schnell ändern, können wir nur aus dem Bauch heraus handeln. Bis wir alle relevanten Fakten kennen, stimmen sie schon nicht mehr. Erfolg winkt, wenn die Kreativität die Herrschaft übernimmt, denn sie kann blitzschnell den richtigen Augenblick nutzen – während die anderen noch rechnen.

Man sollte Arbeitslosigkeit nicht nur negativ betrachten: Wenn man nicht mehr weiß, was man arbeiten soll, wird diese Zeit häufig als Richtungslosigkeit angesehen. Richtungslosigkeit ist der Schleier, der über etwas Neuem liegt, das gerade erst geschaffen oder gefunden wird. Nutzen Sie eine solche Phase, um Ihre Perspektive zu erweitern!

Sprungbrett
Wenn Sie von einer Idee begeistert sind, die weit verbreitete Sehnsüchte aufnimmt, setzen Sie diese ohne zu zögern um! Warten Sie nicht zu lange – aus Angst oder Perfektionismus –, sonst wird ein anderer Ihre Idee aufnehmen. Bei der Umsetzung werden Ihnen weitere kreative Ideen zufliegen. Seien Sie immer offen dafür, Ihre ursprüngliche Idee zu verändern und den Erfordernissen anzupassen.

Es wird heute immer wichtiger, sich seinen eigenen Arbeitsplatz zu schaffen. Kreative Menschen *machen* ihre Karriere, indem sie Ihre Ideen umsetzen und dabei ausbauen. Schaffen Sie sich so ihr eigenes Betätigungsfeld.

Arbeit, Zeit und Kreativität

Es ist heutzutage schick, ja geradezu notwendig, um gesellschaftsfähig zu sein, keine Zeit zu haben. Wie sein Handy braucht man unbedingt seinen Zeitdruck.

Auf der Suche nach der verlorenen Zeit (jenseits von Proust)

Doch wer immer nur hetzt und wie besessen arbeitet, wird selten zu kreativen Lösungen finden. Erlauben Sie sich, unverplante Zeiträume zu genießen, auch bei der Arbeit. Die besten Ideen finden uns, wenn wir loslassen. Sie meiden uns, wenn wir uns anstrengen und herumhetzen. Der Kreative senkt seine Belastbarkeit! So begibt er sich in die Welt der Gedanken und Ideen.
Viele Menschen nehmen sich für die wesentlichen Dinge ihres Lebens erschreckend wenig Zeit. Das gilt sowohl fürs Privatleben als auch für die Arbeit. Planen Sie für jeden Termin Extra-Zeit ein – und sei es »nur«, um etwas herumzuspinnen. Wenn Sie allerdings kreative Entscheidungen vermeiden wollen, dann arbeiten und planen Sie non-stop. Alles wird zur Routine – sofern es Ihnen nicht völlig aus der Hand gleitet.

Sprungbrett

Fehler, die Sie vermeiden sollten, wenn Sie kreative Lösungen bei der Arbeit suchen:

- Meinen Sie nicht, alles selbst machen zu müssen und daß Sie unentbehrlich seien. Sie sind es glücklicherweise nicht!
- Rennen Sie nicht zu Entspannungs-, Meditations- und anderen Kursen, um noch mehr Streß ertragen zu können.
- Seien Sie nicht überall erreichbar. Jedes Handy kann man ausschalten (zur Not gibt es die Mailbox).
- Verplanen Sie nicht jede Minute! Die Muse wird Sie nur küssen, wenn Sie sich Zeit für sie nehmen.
- Vergessen Sie nicht, Zeit für Ihre Beziehung und zur Entspannung einzuplanen. Wenn Sie sich trennen oder einen Herzinfarkt bekommen, ist das Ihrer Kreativität sehr abträglich.

Ich möchte Ihnen folgende (verrückte) Methode empfehlen, wie Sie mit Ihrer Zeit bewußter umgehen können:

Bauen Sie Stolpersteine für reibungslose zeitliche Abläufe in Ihre Planung ein, um plötzlich freie Zeit zu haben. Üben Sie, Ihren Zug oder Ihren Bus abfahren zu lassen und auf den nächsten zu warten. Plötzlich haben Sie Zeit.

Was tun Sie mit dieser Zeit?

Wie fühlen Sie sich?

Zeitbrüche zwingen zum Innehalten. Sie sind gut zum Nachdenken und um sich in Probleme einzufühlen.

Sprungbrett

Erstellen Sie eine Tabelle, wieviel Zeit Sie für welche Aktivitäten ver(sch)wenden.

Wieviel Zeit verbringen Sie zu Hause?

Was machen Sie da?

Wieviel Zeit verbringen Sie mit Ihrer Familie und Ihren Freunden?

Wieviel Zeit arbeiten Sie?

Wieviel Zeit sinnen Sie über Ihre Arbeit nach?

Wieviel Freizeit gestehen Sie sich zu?

Was machen Sie da?

Haben Sie dann echte freie Zeit? Eine Zeit, in der nicht der Rasen gemäht, das Unkraut gezupft und die Zeitung gelesen wird?

Wieviel Zeit haben Sie sich heute genommen, um kreativ zu sein?

Nun die wichtigste Frage: Wieviel Zeit vergeuden Sie mit Fernsehen und anderen sinnlosen Beschäftigungen?

Zeitfresser sind Kreativitätskiller

Neben den Medien frißt besonders die Unordnung enorme Mengen an Zeit. Der kanadischen Unternehmensberaterin Estelle Gee zufolge verschlingt Unordnung bis zu 30 Prozent der vorhandenen Zeit. Stellen Sie sich vor, Sie würden diese Zeit nutzen, um sich spielerisch mit Ihren Arbeitsproblemen zu beschäftigen.

Es ist ein Mythos, daß Kreative sich hauptsächlich in unordentlicher Umgebung entfalten. Zumindest waren viele der großen Kreativen wie Tesla, Lou Andreas-Salomé und besonders Sir Ernest Shackleton ausgesprochen ordentlich. Ihre Zeit war Ihnen zu wertvoll, um sie suchend zu verbringen.

Zeit fürs Wesentliche bekommt man, indem man seinen Tag plant, ohne ihn zu verplanen. Denn Zeitplanung ist paradox: Je mehr Dinge erledigt werden, desto mehr kommen hinzu. Man darf und soll also bisweilen etwas liegen lassen! Wer wie besessen alles möglichst gleich erledigen möchte, schafft sich nur weiteren Streß!

Kreativität braucht Zeit. Deswegen müssen Sie sich Ihre Zeit so einteilen, daß Sie für das, was Sie wirklich machen wollen, genügend Zeit haben. Gewichten Sie also Ihre Ziele! Geben Sie der Freizeit mit Ihrem Partner und der freien Zeit für sich selbst einen guten Listenplatz.

Gehen Sie jeden Morgen Ihren Zeitplan durch. Wo ein schlechtes Gefühl aufkommt, denken Sie sich Änderungen aus. Auf alle Fälle nehmen Sie den Zeitdruck nicht als schicksalhaft gegeben hin. Ein Paradox der Zeit: Ein genauer Zeitplan schafft Raum für Beweglichkeit und Kreativität!

Nehmen Sie sich abends oder morgens für den kommenden Tag ein Ziel vor. Ein kreativer Mensch braucht klare Ziele, die er jedoch bei Bedarf ändert. Er stellt sich die Folgen seiner Handlungen in der Zukunft vor und weiß seine Fähigkeiten realistisch einzuschätzen. Er nimmt sich nichts vor, was er nicht in entsprechenden Zeiträumen erreichen kann. Er wird seine Zeit selbst planen, statt sich von anderen verplanen zu lassen.

Kein Plan ohne Ziel!

Genie oder Teamgeist

Die große Zeit kreativer Genies ist vorbei. Überragende Leistungen sind heutzutage meist Gruppenleistungen. Die kleine Kreativität des Alltagslebens bleibt dagegen weitgehend eine individuelle Leistung, und das wird immer so sein.

Frauen und Männer haben heute das Recht, ihre Individualität zu leben. Dies stellt (in unserer westlichen Kultur) eine der wesentlichen Grundlagen für die Alltagskreativität dar. Anpassung ist passé – Individualität ist in. Die Zeiten sind günstig für den Ausdruck der kleinen Kreativität. Nutzen Sie den Zeitgeist, er macht es Ihnen leichter denn je, sich kreativ zu zeigen!

Dennoch gilt im Arbeits- wie Privatleben: Bei aller Individualität agieren wir meistens in Teams. Wenn alles gut läuft, steigert dies nur noch die Kreativität des einzelnen. Halten Sie sich für teamfähig?

Seit einem Jahr arbeite ich mit einem Team von Beraterinnen und Beratern zusammen. Wir bauen ein europäisches Netzwerk für telefonische Lebenshilfe auf. Da mailt uns Ulrike eine spannende Idee, mit der sie heute morgen aufwachte. Karl gibt sogleich seinen witzigen Kommentar dazu, wie Teile dieser Idee originell umzusetzen seien. Wilfried schaut, wieviel diese Umsetzung kosten würde und ob es nicht einen Sponsor gäbe. Da ruft Karin begeistert an. Sie sieht eine große Möglichkeit, diese Idee in den Medien zu präsentieren.

Kreative Teams verändern die Welt – überall

Einer regt den anderen an. Am Abend hat die Idee Gestalt angenommen. Jedes Teammitglied kann sich vorstellen, wie wir vorgehen könnten, um einen speziellen Beratungsdienst für junge Leute aufzubauen.

»Du arbeitest im Bereich der Kommunikation, da ist so was möglich. Aber bei mir weht ein anderer Wind!« warf mir kürzlich eine Freundin vor, die eine Bauschreinerei leitet. Ist das wirklich so? Der Betonsteinhersteller Ytong ist beispielsweise eine der deutschen Firmen, in denen kreatives Management groß geschrieben wird. Dort arbeitet man in Teams mit maximal fünf Mitarbeitern, die möglichst aus verschiedenen Abteilungen kommen. Voraussetzung für die Aufnahme im Team ist, daß man von der neuen Idee begeistert ist.

Das Grundprinzip kreativer Teams lautet: Nicht gegeneinander, sondern miteinander denken, planen und handeln. Dieses Prinzip läßt sich in jedem Bereich erfolgreich umsetzen – auch an Ihrem Arbeitsplatz.

Sprungbrett

Zur kleinen Kreativität am Arbeitsplatz gehört besonders die Gruppenfähigkeit, die ich als »soziale Kreativität« betrachte.

Machen Sie sich Ihre sozialen Fähigkeiten – und Unfähigkeiten – bewußt.

Mit wem haben Sie Streit? Warum?

Wie viele Freunde/wieviel Freude haben Sie am Arbeitsplatz?

Macht es Ihnen Spaß, Ihre Kollegen zu unterstützen?

Wie schätzen Sie das soziale Klima an Ihrem Arbeitsplatz ein? Fördert oder behindert es den schöpferischen Ausdruck? Warum?

Die Firmennamen neu gegründeter Unternehmen sind deutliche Zeichen für den Zeitgeist. Das Kultwort »Team« führt die Hitliste an.[46] Da gibt es das Holz-, das Kommunikations-, das Altenpflege- und das Auspuff-Team. In den Stellenanzeigen steht die Teamfähigkeit häufig an erster Stelle. Eigenbrötler sind nicht gefragt.

Teamarbeit ist ein uraltes Prinzip. Das Team gehört seit den Tagen der Jäger und Sammler – die nur gemeinsam überleben konnten – zu den Urformen menschlicher Interaktion. Teamarbeit heißt: intelligente Kräfteverstärkung und Arbeitsteilung. Sie ist das Gegenstück zum Alleingang. Dabei ist zu betonen, daß jeder sowohl allein als auch im Team kreativ sein kann. Häufig träumt und inspiriert ein einzelner, das Team entwickelt, strukturiert und führt mit vereinten Kräften aus.

Teamgeist zeichnete schon die ersten Menschen aus, ohne ihn hätten sie nicht überlebt

Kreative Teams bestehen aus:

- Visionären, die phantastische Ideen entwickeln und die anderen Teammitglieder inspirieren und mitreißen.
- Kritikern, die die Ideen der Visionäre bewerten und ordnen.
- Realisten, die ihre Ärmel hochkrempeln und handeln.
- mindestens einem Beobachter und Integrator, der den gruppendynamischen Prozeß reflektiert und den anderen Mitgliedern vermittelt.

Welcher Gruppe würden Sie sich zurechnen? Als Visionär sind Sie der Liebling der Muse – aber Musenküsse müssen geteilt werden. Macht es Ihnen Freude, andere für Ihre Ideen zu begeistern? Wenn nicht, dann lassen Sie sich begeistern. Das ist vielleicht Ihre persönliche Form der Kreativität im Team. Oder neigen Sie mehr zur Kritik? Der kreative Kritiker fühlt sich in die kühnsten Ideen ein, um ihren Clou zu erkennen. Er sieht Verbindungen zu anderen Ideen und fördert das Besondere.

Ist es Ihre Kreativitätsnote, hilfreich zu analysieren, ohne niederzumachen und Verrücktheiten zu verdammen? Damit sind Sie der geborene Integrator. Oder sind Sie der Realist, der ein Auge für die Umsetzung von Ideen hat? Macht es Ihnen Spaß, aus

Verrücktheiten praktische Lösungen zu entwickeln? Dann ist es Ihre kreative Aufgabe, die anderen konstruktiv auf den Boden der Tatsachen zu holen. Oder können Sie sich leicht in das Gefühlsgeflecht der Gruppe einschwingen? Schaffen Sie gute Stimmung, indem Sie Intrigen, kleinliche Streitereien und Eifersüchteleien ungehemmt ansprechen und auflösen? Dann sind Sie die Frau oder der Mann für die soziale Kreativität des Teams.

Trotz aller Vorteile der Teamarbeit kann es durch Mißverständnisse, emotionale Spannungen, Konkurrenzdenken und »Egotrips« zu Problemen kommen. Zumindest ein Teammitglied sollte deshalb darauf achten, daß Blockaden und Hemmschuhe umgangen werden, damit das Team kreativ arbeiten kann.

Sie sehen, all diese individuellen Fähigkeiten sind nötig, um etwas Größeres zu schaffen. Machen Sie sich klar, auf welcher Ebene Ihre eigene Stärke liegt. Bringen Sie sich mit Begeisterung in Ihr Team ein.

Walt Disney (1901–1966), der kreative Superstar im Amerika der ersten Hälfte des 20. Jahrhunderts, schuf in seinen Filmstudios drei räumlich von einander getrennte Bereiche: einen für die Visionsbildung (*Story Room*), einen für die Kritik (*Critique Room*) und einen für die Umsetzung der Ideen (*Workshop*). Im Story Room war jede Kritik streng verboten, wohingegen im Critique Room alles hinterfragt und bewertet wurde, und im Workshop stand ein voll eingerichtetes Studio mit den modernsten Hilfsmitteln bereit. Das Team wanderte bei der Entwicklung von Ideen von einem Raum zum anderen. Es verband auf diese Weise Vision, Kritik und Durchführung miteinander. Könnten Sie sich etwas Ähnliches an Ihrem Arbeitsplatz vorstellen?

Haben Sie keine Angst: Ideen gibt es überall. Sie liegen auf der Straße, just vor Ihren Füßen. Wenn man selbst Ideen produziert, folgen im Team noch weitere nach. Ideen lassen Ideen sprudeln, da ein Teammitglied das andere inspiriert. Ein gutes Team lebt permanent im Zustand des Brainstormings.

Teams schaffen geniale Problemlösungen, die den einzelnen heute überfordern würde. Deswegen macht Teamarbeit Spaß. Aber im Team kommen Sie wahrscheinlich nie an die Spitze eines Unternehmens. Wenn Sie das wollen, wählen Sie besser den Weg

Sprungbrett
Einige Tips und Hinweise, wie Sie Ihre Kreativität im Team steigern können:

- Sehen Sie den anderen vorurteilslos und ohne Bewertung. Entdecken Sie Ihr eigenes Potential und das der anderen. Verstärken Sie beides durch freundliche Anerkennung.
- Delegieren Sie – möglichst das Richtige an den Richtigen. Alles selbst zu tun wirkt kontra-kreativ!
- Schaffen Sie eine positive Atmosphäre. Es darf lustig zugehen! Angst, Langeweile, Verbissenheit und Ernst verscheuchen den Geist der Kreativität.

des Einzelkämpfers. Dabei werden Sie all Ihre Kreativität benötigen, um sich gegen Teams durchsetzen – freilich um danach wieder den Teamgeist zu fördern.

Computer und Internet – Kreativitätskiller oder -förderer?

Computer sind nutzlos,
da sie nur Antworten liefern.
PABLO PICASSO

Während ich das hier schreibe, sitze ich im Zug und verlasse soeben den Mannheimer Bahnhof. Ohne mein Notebook wäre beides zusammen nicht möglich. Ich fahre nach Zürich, wo ich meinem Lektor vom Hotel aus dieses Kapitel mailen werde. Ja, was wäre ich ohne mein Notebook?

Die Information, daß vor fast fünfzig Jahren der erste benutzerfreundliche Computer entwickelt wurde, fand ich im Internet, in das ich gestern Abend im Hotel schaute, weil mir langweilig war. Meine Kreativität ist also »computergestützt«. Ist das bei Ihnen schon genauso? Wenn nicht, dann ran an die Maus! Der Kreative nutzt zeitgemäße Kommunikations- und Informationsmedien.

Internet – unendliches Meer der Informationen

Das Internet zu verdammen ist Blödsinn. Dabei nur an Pornographie zu denken ist so einfältig wie ignorant. Das ist, als wolle man Autos, Telefone und Computer verbieten. Aber die Aufregung über das Internet zeigt eines deutlich: Es erregt uns, es macht uns an. Das heißt, es ist bedeutsam.

Tim Berners-Lee, der maßgebliche Entwickler des World-Wide-Web (www) hat unsere Welt vor etwa zehn Jahren mit seiner kreativen Idee grundlegend verändert. Die Welt hat seitdem Probleme, mit dem Internet zurechtzukommen. Der Kreative nimmt diese Herausforderung freudig an – und experimentiert mit diesem weitgehend anarchistischen Ort ohne Gesetze. Der amerikanische Cyberfreak Erik Davis spricht von »experimenteller Anarchie«.[47] Wo Anarchie ist, da ist die Kreativität nicht weit.

Sprungbrett
Was interessiert Sie?

Geben Sie diesen Begriff in Ihre Suchmaschine ein und nun »gut surf!« Lassen Sie sich von den Bildern und Texten inspirieren. Setzen Sie Lesezeichen. Schreiben Sie sich Ihre Einfälle auf, die Sie beim virtuellen Spaziergang ereilen. Antworten Sie spontan auf vorgestellte Ideen. Gönnen Sie sich kreative Chatorgien.

High-Tech erweitert Ihre Kommunikationsräume. Überlegen Sie, wie Sie diese kreativ nutzen wollen.

Die virtuelle Welt ist wie ein Traum, in dem Sie vieles ausprobieren können, was Sie sonst nicht wagen würden. Wenn es Ihnen lieber ist, können Sie auch unerkannt bleiben.

Das Internet ist die Kollektivierung des innovativen Geistes. Sie können ungehindert auf alle seine Informationen zugreifen. Sie schließen sich an den Strom neuester Gedanken und Ideen an. War es noch bis vor kurzem das Problem, Informationen zu bekommen, so liegt heute die Kreativität darin, die geeigneten Informationen auszuwählen.

Jeder spürt es: Die Welt wird virtueller, das heißt künstlicher. Damit verliert die Kunst ihre Vormachtstellung für Kreatives. Kreativ ist man zunehmend mit Hilfe computerunterstützter Kommunikation. Wenn dies manchem nicht ganz klar ist, liegt das häufig daran, daß die Bedienung der Technik noch zu schwierig erscheint. Fast jeder zweite Deutsche hat Probleme mit der Nutzung des Internets. Die technischen Schwierigkeiten verstellen den Blick auf die Möglichkeiten. Das wird sich in den kommenden Jahren rasant ändern. Wenn wir, wie die Jugendlichen, mit der Technik spielen, wird sie uns neue Räume zur kreativen Betätigung eröffnen.

High-Tech
ist wie der Narr:
weder gut noch böse,
sie ist

»Diese Technik macht einsam. Wir treffen uns virtuell per E-Mail, alles wird indirekt und erschreckend unsinnlich«, mögen Sie sagen. »Das Internet stellt die Verlängerung unseres Nervensystems dar. Es bildet das Nervensystem unseres Planeten aus«, würde ich antworten.

Man spricht heute von Webaholics, Menschen, die in tiefe Krisen geraten, wenn der Computer nicht läuft, der Bildschirm schwarz bleibt. Ob es sich hierbei um Sucht oder Zwangsneurose handelt, ist nicht eindeutig zu entscheiden. Auf jeden Fall gibt es Menschen, die einen Zwang verspüren, das Internet zu benutzen, und die dabei jedes Zeitgefühl verlieren. Sie zermartern sich das Gehirn, was wohl im Internet geschieht, wenn sie nicht online sind. Sie vernachlässigen soziale Kontakte. Diese Gefährdeten sind sicherlich keine kreativen Nutzer moderner Technologien – glücklicherweise sind sie in der Minderheit.

Jede Technik hat ihre Sonnen- und ihre Schattenseite. Es kommt darauf an, wie Sie ihre Möglichkeiten nutzen.

Enthusiasten des Internets verkünden, daß durch dieses Medium eine Kreativität erzeugt werde, die alle Probleme der Menschheit lösen könne. Das erinnert mich an Tesla, der damals meinte, durch das Radio alle Probleme lösen zu können. Darauf warten wir noch heute.

Der »Kreativität des Krieges« entsprang der erste digitale Computer. Er wurde Z-3 genannt und sollte ferngesteuerte Raketen konstruieren. Als gleich nach dem Krieg in den USA die ersten benutzerfreundlichen Computer zusammengebaut wurden, bezeichnete man sie als »Kreativitätsmaschinen« und »elektronische Genies«. Das erscheint uns heute erschreckend naiv.

Die Grenzen der computerunterstützten Intelligenz zeigen sich schon darin, daß sie keine metaphorischen Darstellungen wie beispielsweise Märchen, Mythen und Träume verstehen kann. Der Computer nimmt alles wörtlich, er kennt keinen übertragenen Sinn.

Es wäre zu enthusiastisch, vom Computer die Lösung aller Probleme zu erwarten. Probleme sind jedoch *mit Hilfe* des Computers zu lösen, da der Computereinsatz Zeit spart und zum Spielen herausfordert.

Versuchen Sie es selbst: Sie können mit dem Computer viele Möglichkeiten in kürzester Zeit durchspielen oder simulieren. Oder veröffentlichen Sie eine Ihrer Ideen im Internet, und fordern Sie zu Kommentaren auf.

Man wirft der digitalen Welt vor, daß es in ihr mehr um die Form als um die Inhalte gehe. Das geschieht im Sinne Schillers, der nach der Auseinandersetzung mit Immanuel Kant meinte, die Form sei dem Inhalt überlegen.

Dialektik:
Die Form ist die Essenz des Inhalts, der Inhalt ist die Essenz der Form

Die digitale Informationsverarbeitung ist formal ausgerichtet. Sie kann (oder will) Inhalte nicht erklären. Deswegen erzeugt sie aus sich heraus keine Kreativität, denn die hängt mit Bedeutung und Sinn zusammen, für die Sie als Nutzer zuständig sind – und nicht das Medium!

Der Computer ist auf die Form ausgerichtet, da er jede Aussage auf ihre logischen Bestandteile zurückführt. Die digitale Logik unterscheidet nicht, ob Äpfel oder Birnen gezählt werden. Sie kennt nur Ja oder Nein, aber kein Vielleicht. Sie ist simples Schwarzweißdenken. Die menschliche Kreativität dagegen ist vom Inhalt des Gedachten geprägt. Sie bildet Analogien, und sie kann Fehler machen. Gerade Fehler führen nicht selten zu kreativen Ergebnissen.

So nutzen Sie das Medium kreativ: Sie sind für den Inhalt verantwortlich und benutzen den Computer für Variationsmöglichkeiten, Geschwindigkeit und Form.

Der Computer und die Vernetzungen sind dazu da, Ihnen mehr Freiraum und die Zeit zu geben, die Arbeiten zu verrichten, zu denen diese Systeme nicht taugen: nämlich kreative Ideen zu entwickeln.

Das Internet ist wie ein Baum. Es wächst ständig und ist stets schon komplexer, als der einzelne Benutzer es erahnen kann. Sein Vorteil besteht darin, Information nicht zu zensieren. Es ähnelt in gewisser Hinsicht dem Schamanismus, der in andere Bewußtseinsebenen führt. Diese Bewußtseinsebenen sind die neuen Möglichkeiten der Kommunikation. Das Internet schafft eine neue Wahrnehmungswelt. Es wird langsam und unmerklich zur Verlängerung des Selbst. Zu seinen Möglichkeiten gehören neue Erfahrungen, Wahrnehmungen, Gedanken und soziale Erlebnisse – was wollen Sie mehr?

Können Sie es sich als Kreativer leisten, internetabstinent zu leben? Halten Sie an den alten Erfahrungen vordigitaler Zeiten ängstlich fest, so findet die Muse Sie irgendwann unattraktiv. Sie übersieht Sie gar. Ihre Kreativität wird jämmerlich verkümmern, da sie auch durch den Zeitgeist genährt werden will.

Die individuelle bildhafte Sprache des Traums entspricht dem analogen Code

Das Internet ist eine neue Konstruktion der Wirklichkeit – und ist es nicht kreativ, diese Wirklichkeit mitzuprägen? Es ist ein postmoderner Traum, der kollektiv geträumt wird. An diesem Traum werden Sie teilhaben, ob Sie es wollen oder nicht. Sie wissen doch, Träume drängen sich auf, sie kommen ungerufen. Sich den Träumen zu verschließen wäre der Tod der Kreativität.

Das Internet ist die Verbindung zwischen Traum und Maschine, wie es Erik Davis treffend ausdrückt.[48] Wir können über die moderne Informationstechnologie tief in unsere Traumwelten hinabsteigen, die genauso virtuell sind wie das Internet.

Sprungbrett
Erleben Sie Ihre Ausflüge in die virtuellen Welten des Internets wie einen Traum. Machen Sie sich klar, daß alles ein Symbol für etwas anderes ist.

Was ist eigentlich real?

Betrachten Sie es einmal so: Im Internet werden Grenzen und Identitäten aufgelöst. Im Netz schwimmen wir in archetypischen Bildern. Das ist kreativ! Auf den Homepages treffen wir allerorten auf Heldinnen und Helden, und auch der Schatten ist an allen Ecken und Enden präsent.

Die überpersönliche archetypische Struktur des Traums entspricht dem digitalen Code

Da die Informationstechnologie zur neuen Mythologie wird, würde ich vermuten, daß sie irgendwann erstarrt und die Kreativität sich neuen Bereichen zuwendet.

Dieses neue Jahrhundert wird eines der Kommunikation sein. Kreativität wird sich vornehmlich in diesem Bereich abspielen. Sind Sie dabei?

Die Leere und die Gene

Glück und Erfolg sind auf der Seite der Narren.

Sprichwort

Die Frage: »Wie kann man etwas Neues denken?« führt uns zur Frage: »Wie kann man nichts denken?«
»Im Nicht-Denken liegt das kreative Potential, das sich im Denken und Handeln zeigt«, behauptet keck der Kreative.

Meditieren Sie sich kreativ

Sie haben sicher schon von Meditationstechniken gehört. Meist wird die Meditation in den Dienst spiritueller Erfahrung gestellt, wobei oft nicht klar ist, was das »Spirituelle« sein soll. Sehen wir die Spiritualität als eine erweiterte Perspektive oder den neuen Blick auf unsere Wirklichkeit, wird der Nutzen des Leerwerdens als Ziel der Meditation klarer.

Sie müssen sich erst von allen belastenden Konzepten, Automatismen und Ängsten leeren, ehe Sie kreativ sein können. Wenn Sie mit Negativem oder »bewährten« Konzepten angefüllt sind, kommt kein kreativer Einfall. Die Ideen werden Sie nicht finden. Meinen Sie, sich ständig vor Unvorhergesehenem schützen zu müssen, werden Sie die Kreativität nur vom Hörensagen kennen. Schränken Sie sich durch die Gewohnheiten Ihrer Kultur ein, wird es Ihnen nicht besser ergehen.

Meditation ähnelt den assoziativen Techniken: Erst leert man sich vom inneren Müll – den erstarrten Konzepten –, dann sieht man Neues, sein Potential oder Gott (was im Grunde auch nur ein Name für »allgegenwärtige, grenzenlose Möglichkeit« ist). Leeren Sie sich gründlich, schaffen Sie ein Vakuum, das völlig Neues anzieht.

»We don't need
no education,
we don't need
no thought control ...«
Pink Floyd

Wer weiterkommen will, muß Gesetze brechen: die der propagierten Wahrnehmung, die des konventionellen Denkens und die des erwünschten Handelns. Besonders aber müssen wir uns von den Dogmen unserer Erziehung befreien.

Sprungbrett
Meditation hilft, Negatives und Veraltetes hinter sich zu lassen. Leere bedeutet, sich vom Hinderlichen zu befreien, um die Welt neu zu sehen. Meditation kann Ihrem kreativen Ausdruck nutzen. Sie kann in seinen Dienst gestellt werden. Dafür brauchen Sie weder ein Kissen noch ein weißes Gewand oder Räucherstäbchen. Werden Sie einfach ruhig – wo immer das auch sein mag –, und beobachten Sie Ihre Gedanken. Mit der Zeit werden weniger Gedanken auf Sie einstürmen. Beobachten Sie sich regelmäßig selbst, schaffen Sie die besten Voraussetzungen für Ihren kreativen Ausdruck.

Kreativität ist weniger ein Problem der Technik, wie es uns viele Ratgeber für Kreativität vermitteln wollen, als vielmehr eine Herausforderung für unsere Psyche. Eine Psyche, die gelernt hat loszulassen, ist die fruchtbarste und gleichzeitig solideste Basis Ihrer Kreativität. Und ohne Kreativität ist das Leben viel zu langweilig!

Kreativität als Gen-Cocktail?

Zum Schluß möchte ich einer in letzter Zeit lauthals verbreiteten Meinung entgegentreten, die aus der modernen Evolutionstheorie und Genetik stammt. Es sind gerade Frauen wie Dorothy Nelkin und Susan Lindee, die als Forscherinnen in diesem Bereich dogmatisch behaupten, daß der Mensch vollständig durch seine Gene bestimmt sei. Daraus folgt, daß es nicht vom einzelnen abhängt, ob und in wieweit er kreativ ist. Die Kreativität liege einzig in den Händen der Natur – nämlich in der cleveren Anordnung der Gene.

Das ist eine erschreckende Auffassung von Kreativität, die dem Individuum jede geistige Freiheit und persönliche Entwicklungsfähigkeit abspricht. Als Reaktion auf den romantischen Geniekult ist sie verständlich, aber nicht weniger reaktionär als dieser Geniekult selbst.[49]

Für mich ist der Mensch an sich kreativ. Seine persönliche Kreativität ist die Widerspiegelung einer größeren unpersönlichen Kreativität der Natur. Es herrscht ein holographisches Verhältnis zwischen Mensch und Natur.

Kreatvität ist trainierbar

Gäbe es keine persönliche Dimension der Kreativität, könnte man sie nicht fördern.

Mit Phantasiespielen vom Typ »Tun wir so, als ob« kann man nachweislich besonders die kindliche Kreativität erfolgreich unterstützen. Es wird dabei gelernt, die reale und die fiktive Welt aufeinander zu beziehen und sie zugleich voneinander zu unterscheiden. Immer wenn die Imaginationsfähigkeit trainiert wird, wird damit die Fähigkeit zum kreativen Ausdruck gesteigert.

Ohne Staunen keine kreativen Einsichten

Wer seinen Kindern vermittelt, daß Fremdes und Unbekanntes nicht zu fürchten, sondern neugierig zu bestaunen ist, steigert ihre kreative Ausdruckskraft enorm. Staunen weckt den Durst nach Erkenntnis. Vom Staunen gelangen wir über das Interesse zur Einsicht ins Neue. So sah Goethe seine Methode in der naturwissenschaftlichen Forschung.

Ich hoffe, daß ich Sie mit diesem Buch öfters erstaunt habe. Falls nicht, habe ich etwas falsch gemacht – oder?

Wenn Sie über sich selbst erstaunt waren, dann Gratulation! Sie sind auf dem besten Wege, zum kreativen Individuum zu werden.

Anhang

Anmerkungen

1 Mihaly Csikszentmihalyi: *Kreativität.* Stuttgart 1997, S. 16.

2 Vgl. dazu u.a.: Klausbernd Vollmar: *Das Arbeitsbuch zur Traumdeutung.* München 1996; ders.: *Träume erinnern und richtig deuten.* München 1998; ders.: *Reise in das Land der Träume.* München 1999, ders.: *Traumhafte Lösungen.* München 1999.

3 Paul Auster: *Hand to Mouth – A Chronicle of Early Failure.* London/Boston 1998, S. 13.

4 Nach der Schöpfungsgeschichte des Hesiod ist Chaos der Raum zu Beginn, in dem alles gärt und in dem jegliche Möglichkeit vorhanden ist: wie unser Denken, bevor es zu einem Ergebnis kommt. Ursprünglich bedeutet *Chaos* »gähnen«: der Zustand vor dem Schlaf, in dem sich aus der Potentialität die Bilder formen, die dann unsere Anschauungen und somit unsere Welt prägen. Ferner bedeutete den Griechen *Chaos* auch Leere – erstaunlicherweise wie im Buddhismus: der leere Raum, aus dem alles hervorgeht. In diesem Sinn ist das Chaos die Mutter aller Kreativität. Chaos wird durch Kreativität zur Ordnung.

5 Gerd Gerken: *Mind Management,* Nr. 6. Worpswede, Juni 1998, S. 1.

6 John Kao: *Jamming.* Harper & Row, New York 1996.

7 Über die Frauengestalten in Ibsens Dramen schrieb sie ein viel beachtetes Buch: Lou Andreas-Salomé: *Henrik Ibsens Frauengestalten.* Berlin 1892 (Neuauflage 1906).

8 Als Beispiel mag Lou Andreas-Salomé: *Fenitschka. Eine Aus-*

schweifung. Stuttgart 1898 dienen. Dieses Buch, in der die weibliche Hauptperson nur rein sinnliche Leidenschaft will, ist derart aktuell geblieben, daß es 1983 neu aufgelegt wurde.

9 Am Ende ihres Lebens wurde sie von Freud unterstützt.

10 B. Johannson: *Kreativität und Marketing* (Diss.) Gais 1978, S. 11.

11 Stellenangebot des Polarforschers Shackleton in einer großen Londoner Tageszeitung. Tausende von Zuschriften gingen ein.

12 Vgl. hierzu Ernest Henry Shackleton: *Im eisigen Süden*, 1909, und ders.: *21 Meilen vom Südpol*, (3 Bde.), 1909/1910.

13 Aus den Expeditionstagebüchern der letzten Süpolarexpedition Shackletons von Macklin. Siehe: Caroline Alexander: *Die Endurance*. Berlin 1998, S. 104.

14 Die linke Gehirnhemisphäre begann sich vor etwa 300000 Jahren stärker zu entwickeln als die rechte. Das war ein Voraussetzung für die Sprachentwicklung.

15 Symbolhaftes Denken setzt im Paläolithikum (vor etwa 2,5 Mio. Jahren) ein und kann als Grundlage für schöpferische Prozesse angesehen werden.

16 Robert Sperry, der für seine Gehirnforschungen 1981 den Nobelpreis in der Medizin erhielt, unterscheidet die rechte von der linken Gehirnhemisphäre wie folgt: linke Hemisphäre – sequentielle Tätigkeiten (wie Registrieren, Vergleichen, Unterscheiden, Bewerten, Erkennen von Gesetzmäßigkeiten und Normen); rechte Gehirnhemisphäre – synästhetische Tätigkeiten (wie Bilderkennen, Emotionen, Motorik).

17 Die anderen Gehirnstrukturen wie der computerhafte Cortex (Großhirnrinde), der wie ein Call-Center arbeitet, und die Gehirnlappen (Frontal- und Temporallappen), die wie die Polizei auf die Einhaltung bestimmter Normen achten und alles videoüberwachen, lasse ich außer acht.

18 Wer sich für die Idee der Konferenz der verschiedenen Personen in jedem von uns interessiert, dem sei mein Buch *Sieben Kräfte hat das Ich* (Bern, Wien, München 1998) empfohlen.

19 Zitiert nach Margaret Cheney: *Nikola Tesla – Biographie*. Düsseldorf 1995, S. 137.

20 Margaret Cheney: *Nikola Tesla – Man Out Of Time*. Englewood Cliffs, NJ 1981, S. 237.

21 Hier werden die Fußnotenleser – wie so häufig – belohnt. In der Fußnote versteckt sich oft des Autors Leidenschaft.
Des Rätsels Lösung: Einer sagt stets die Wahrheit, der andere lügt stets. Wir dürfen also abstrahieren und Menschen in mathematische Zeichen verwandeln. Person 1 sagt stets die Wahrheit, abstrahieren wir sie zum +. Person 2 sagt stets die Unwahrheit, abstrahieren wir sie zum –. Reduzieren wir frech die Personen durch einen simplen mathematischen Zaubertrick: Person 1 mal Person 2 ergibt stets –. Dabei ist völlig egal, an wen ich bei meiner Frage gerate, immer kommt eine Lüge heraus. Mit einer Frage ist das Problem leicht lösbar, da es nur noch eine Unbekannte gibt: die Tür. Wie also frage ich? Ich frage eine der beiden Personen, was die andere Person antworten würde, wenn ich sie fragte, ob die rechte Tür in die Freiheit führe. Bei der Antwort »Nein« führt die Tür in die Freiheit, bei Antwort »Ja« führt sie nicht in die Freiheit.
Sind Sie Ihrer unkreativen Fixierung oder wie Parzival einst in der Gralsburg Ihrer guten Erziehung erlegen?
Man ist gewohnt, jeweils nur eine Person zu befragen. Außerdem gilt es als äußerst unhöflich, im Beisein der betroffenen Person eine andere über sie zu befragen. Seiner guten Erziehung zu folgen, zahlt sich nicht aus – zumindest nicht beim Rätselraten und in Gralsburgen.
Wenn Sie das Rätsel gelöst haben, sind Sie wahrscheinlich neugierig und lieben es bisweilen, sich danebenzubenehmen. Als »Kreativling« dürfen Sie das.

22 So berichten berühmte Mathematiker wie Andrew Wiles, Yutaka Taniyama und Goro Shimura davon, daß sie bei so etwas Hochlogischem wie einem mathematischen Beweis intuitiv spüren, ob er stimmt oder nicht. Speziell bei blitzartigen Inspirationen ist ihnen intuitiv klar, ob diese weiterführen. Simon Singh bezeichnet Mathematik und Logik als »das schnelle Spiel der jungendlichen Intuition.« Vgl. Simon Singh: *Fermats letzter Satz*. München, Wien 1998, S. 27.

23 Zu Beginn des 15. Jh. fertigte Filippo Brunelleschi in Florenz die erste Zeichnung in Zentralperspektive an. Damit drückte er eine neue Sichtweise aus, die unsere Wahrnehmung für

über 400 Jahre bestimmen sollte. In dieser Sichtweise spiegelt sich die Weltanschauung der Moderne wieder, die durch Multiperspektive zu Beginn des 20. Jh. abgelöst wurde. Vgl. dazu genauer: Arthur Zajonc: *Die gemeinsame Geschichte von Licht und Bewußtsein.* Reinbek 1997, S. 76–92.

24 Hartmut von Hentig: »Mythos Kreativität«, in: *Psychologie heute.* Februar 1998, S. 36–39, S. 37.

25 Jean Tinguely: *Für Statistik.* Düsseldorf 1959.

26 Michael Saur: »Worüber sprechen Sie mit Ihrem Kühlschrank, Herr Negroponte?«, in: *PrintProcess* 7/99, S. 25–28.

27 Etwa 80% Gefühl, 20% Intellekt – allerdings sind solche Zahlen stets mit Vorsicht zu betrachten. Es ist ein Problem der Meßbarkeit.

28 Lichtenberg schreibt weiter: »Wenn jemand alle glücklichen Einfälle seines Lebens dicht zusammen sammelte, so würde ein gutes Werk daraus werden. Jedermann ist wenigstens des Jahrs ein Mal ein Genie. Die eigentlichen Genies haben nur die guten Einfälle dichter. Man sieht also, wieviel darauf ankommt, alles aufzuschreiben.« G.C. Lichtenberg: *Sudelbücher.* Insel Verlag, Frankfurt/Main 1984, S. 349 (II/168).

29 Georg Christoph Lichtenberg: *Sudelbücher.* Insel Verlag, Frankfurt/Main 1984.

30 Kein Geringerer als Leonardo da Vinci (1452–1519) pflegte solche Ideenbücher zu führen, von denen die meisten allerdings leider verlorengingen.

31 Das nannte C.G. Jung *Circambulation*: Ein Problem wird aus verschiedenen Aspekten betrachtet.

32 Edward De Bono: *Das spielerische Denken.* Bern, München 1967, und Edward De Bono: *Laterales Denken.* Reinbek 1971.

33 siehe hierzu die Homepage *www.mindmanager.de.*

34 Zitiert nach Simon Singh: *Fermats letzter Satz.* München, Wien 1998, S. 205. Die meisten Mathematiker betreiben die Mathematik von einem ästhetischen Standpunkt aus, erklärt der weltberühmte japanische Mathematiker Goro Shimura. Was ästhetisch ist, das ist auch meistens richtig. Die großen Beweise der Mathematik brillierten durch eine atemberaubende Schönheit und Eleganz. Und das trifft nicht nur auf die

große Kreativität berühmter Mathematiker zu, sondern auch auf die Lösung alltäglicher Probleme durch Menschen »wie du und ich«.

[35] Gaetano Benedetti: *Botschaft der Träume.* Vandenhoek & Ruprecht, Göttingen 1998, S. 44.

[36] Zu dessen erlauchtem Kreis gehörten unter anderem der amerikanische Avantgarde-Architekt Frank Loyd-Wright, Lee Strasberg, der die New York School of Acting (Method Acting) gründete und viele Hollywood-Stars seiner Zeit wie Marilyn Monroe, Richard Burton und Elizabeth Taylor ausbildete, die Autoren Doris Lessing, D. H. Lawrence, F. Koestler und Politiker wie Raimond Poincaré, Industrielle wie Henry Ford und Alfred Knopf (einer der größten Verleger der USA).

[37] Der amerikanische Psychologe Howard Gardner unterscheidet in seiner Theorie multipler Intelligenz sogar sieben Formen der Informationsverarbeitung: logisch-mathematisch, sprachlich, körperlich, sozial, selbsterkennend, räumlich-mechanisch und musikalisch. Die neueste Bewußtseinsforschung nimmt in Übereinstimmung mit Gurdjieff und Gardner an, daß die kreative Informationsverarbeitung in über den ganzen Körper verteilten Zellen lokalisiert ist.

[38] Sigmund Freud: *Die Traumdeutung.* Conditio Humana Bd. II, Frankfurt/M. 1972, S. 581.

[39] Hochkreative Teams, die unsere Welt veränderten, wie Disney Corporation und Parc (die den ersten benutzerfreundlichen Computer konstruierten – die Freaks vom Silicon Valley) arbeiteten in ästhetisch haarsträubender Umgebung. Es gab da keine Ablenkung von Ihrer Arbeit. Für »normale Menschen« ist jedoch in der Regel eine anregende Atmosphäre hilfreich.

[40] Die Bauhausbewegung war wesentlich offener als das eher aus einem autoritären Geist erwachsene Feng Shui, deswegen wurde sie auch im Faschismus verboten.

[41] Vgl. dazu genauer: Klausbernd Vollmar: *Sieben Kräfte hat das Ich.* Integral/Scherz München 1998.

[42] Zum Beispiel von Paul Weber, dem genialen Zeichner von Narrenbildern.

[43] Diese Zahlen beziehen sich auf Großbritannien, in anderen mitteleuropäischen Ländern sind jedoch ähnliche Prozentsätze zu erwarten.

[44] Hierzu gibt es eine Fülle von Literatur. Sehr übersichtlich werden die Unterschiede von weiblicher und männlicher Kommunikation von Deborah Tannen dargestellt. Vgl. Deborah Tannen: *Du kannst mich einfach nicht verstehen.* Goldmann, München 1993, und Deborah Tannen: *Das hab' ich nicht gesagt.* Goldmann, München 1994.

[45] Nach Rolf Berth 1997 im *Manager Magazin* 1/99, S.121: Rendite in Prozent bei Visionen mit 19,1% deutlich an erster Stelle. Wie man das ermittelte, mag unter wissenschaftlichen Gesichtspunkten im dunkeln bleiben. Ich jedoch sage: Bei 99,9% aller kreativen Prozesse steht am Anfang eine Vision.

[46] Nach dem Handelsregistereintrag trat 1999 in über 3000 neuen Firmennamen das Wort »Team« auf.

[47] Erik Davis: *Techgnosis. Myth, Magic + Mysticism in the Age of Information*. New York 1998, S. 107

[48] Erik Davis: Techgnosis. *Myth, Magic + Mysticism in the Age of Information*, a.a.O., S. 5, und im Grunde ist das das Thema des gesamten Buches.

[49] Im Gegensatz zum französischen Strukturalismus, der maßgeblich von Ideen Michel Foucaults beeinflußt wurde, halte ich es für falsch, das Wirken des Individuums und seiner Sozialisation wegzuphilosophieren. Natürlich ist der Einfluß der Gene nicht zu leugnen, aber er ist nur einer unter anderen.

Seminarhinweis

Wer Interesse an Vorträgen, Workshops und (Ferien-)Kursen in Kleingruppen oder Einzelberatung und Coaching in deutscher Sprache hat, der wende sich bitte an:

Klausbernd Vollmar, Dipl. Psych.
Rhu-Sila
Cley next the Sea
Holt/Norfolk NR 25 7UD
England
Fon & Fax: 0049 1263 740304
E-Mail: *kbvollmar@aol.com*
homepage: *www.kbvollmar.de*

Interessenten für Wochenendkurse aus der Schweiz, Liechtenstein und Österreich wenden sich bitte für weitere Informationen an Haus Gutenberg, FL – 9496 Balzers, Fon: 0041 75 3881133, Fax: 0041 75 3881135, Liechtenstein

Weitere Bücher des Autors

Thema: Träume

- *Träume – erinnern und richtig deuten* (Gräfe & Unzer Verlag)
- *Handbuch der Traumsymbole* (Königsfurt Verlag)
- *Das kleine Buch der Traumsymbole* (Königsfurt Verlag)
- *Das Arbeitsbuch zur Traumdeutung* (Hugendubel Verlag)

- *Traumhafte Lösungen* (Hugendubel Verlag)
- *Reise in das Land der Träume – Schlüssel zur inneren Bilderwelt* (Hugendubel Verlag)
- *Traum und Traumdeutung erleben und verstehen* (Königsfurt Verlag, zusammen mit J. Fiebig)
- *Ratgeber Traum* (Königsfurt Verlag)
- *Gelebte Träume sind die besten Träume* (Königsfurt Verlag, zusammen mit J. Fiebig)
- *Wahre Träume* (Königsfurt Verlag, zusammen mit H. Eibl)

Thema: Energiezentren des Körpers

- *Sieben Kräfte hat das Ich* (Integral/Scherz Verlag)
- *Das Arbeitsbuch zu den Chakras* (Hugendubel Verlag)
- *Chakren-Arbeit* (Goldmann Verlag)
- *Fahrplan durch die Chakren* (Rowohlt Verlag)
- *Chakren – Lebenskraft und Lebensfreude aus der eigenen Mitte* (Gräfe & Unzer Verlag)

Thema: Enneagramm

- *Das Enneagramm* (Goldmann Verlag)
- *Das Arbeitsbuch zum Enneagramm* (Hugendubel Verlag)
- *Das Enneagramm der Liebe* (Hugendubel Verlag)

Thema: Farbe

- *Farben – ihre natürliche Heilkraft* (Gräfe & Unzer Verlag)
- *Das Geheimnis der Farbe Schwarz* (Fischer Media)
- *Das Geheimnis der Farbe Weiss* (Fischer Media)
- *Das Geheimnis der Farbe Rot* (Fischer Media)
- *Bücher zu Blau, Gelb, Orange, Violett und Grün in Vorbereitung* (Fischer Media)

Thema: Reisen

- *Magisch Reisen: England* (Goldmann Verlag)

Literaturhinweise

William F. Allman: *Menschliches Denken – künstliche Intelligenz.* Droemer-Knaur, München 1990
Weston Argor: *Intuitives Management.* Offenbach 1995
Paul Auster: *Hand to Mouth. A Chronicle of Early Failure.* Faber & Faber, London, Boston 1998
John G. Bennett: *Creative Thinking.* Bennett Books, Santa Fe 1999
John G. Bennett: *Creation.* Bennett Books, Santa Fe 1999
Warren Bennis, Patricia Ward Biederman: *Geniale Teams. Das Geheimnis kreativer Zusammenarbeit.* Campus, Frankfurt/New York 1998
Cora Besser-Siegmund: *Entdecken Sie Ihre Kreativität.* Rowohlt, Reinbek 1999
William H. Calvin: *Wie das Gehirn denkt.* Spektrum Akademischer Verlag, Heidelberg/Berlin 1998
Julia Cameron: *Der Weg des Künstlers.* Knaur, München 1996
Julia Cameron: *Der Weg zum kreativen Selbst.* Knaur, München 1999
Richard Carlson: *Alles kein Problem!* Knaur, München 1998
Margaret Cheney: *Nicola Tesla – Man Out of Time.* Prentice Hall Inc., Englewood Cliffs, NJ 1981
David Cohen: *Die geheime Sprache von Geist, Verstand und Bewußtsein.* Hugendubel, München 1997
Mihaly Czikszentmihalyi: *Flow. Das Geheimnis des Glücks.* Klett-Cotta, Stuttgart 1997
Mihaly Czikszentmihalyi: *Kreativität. Wie Sie das Unmögliche schaffen und Ihre Grenzen überwinden.* Klett-Cotta, Stuttgart 1997
Mihaly Czikszentmihalyi: *Lebe gut! Wie Sie das Beste aus Ihrem Leben machen.* Klett-Cotta, Stuttgart 1999
Erik Davis: *Techgnosis – Myth, Magic + Mysticism in the Age of Information.* Harmony Books, New York 1998
Karl Heinz Delhees: *Zukunft bewältigen.* Haupt, Bern 1997

Patricia Einstein: *Intuition: Path to Inner Wisdom.* Element, Shaftesbury 1998
Frank Esken, Heinz-Dieter Heckmann (Hg.): *Bewußtsein und Repräsentation.* Schöningh, Paderborn 1998
Marilyn Ferguson: *Geist und Evolution.* Goldmann, München 1986
Jack Foster, Larry Corby: *Einfälle für alle Fälle.* Ueberreuter, Wien 1998
Howard Gardner: *Kreative Intelligenz.* Campus, Frankfurt/New York 1999
Bill Gates: *Digitales Business.* Heyne, München 1999
Daniel Gazzaniga: *Das erkennende Gehirn.* Junfermann, Paderborn 1988
Michael J. Gelb: *Das Leonardo Prinzip.* Vgs, Köln 1998
Alfred Gierer: *Im Spiegel der Natur erkennen wir uns selbst.* Rowohlt, Reinbek 1998
Daniel Goleman: *Emotionale Intelligenz.* dtv, München 1997
Daniel Goleman: *Kreativität entdecken.* dtv, München 1998
Daniel Goleman: *Der Erfolgsquotient.* Hanser, München 1999
Robert Greene: *Power.* Hanser, München, Wien 1999
Hartmut von Henting: *Kreativität. Hohe Erwartungen an einen schwachen Begriff.* Carl Hanser, München 1998
Ned Herrmann: *Kreativität und Kompetenz.* Paida, Fulda 1998
Douglas Hofstadter: Gödel, Escher, Bach: *An Eternal Golden Braid.* Penguin, Harmondsworth 1982
Johannes Holler: *Das neue Gehirn. Gehirntechnologie und Bewußtseinserweiterung.* B. Martin, Südergellersen 1989
Jean Houston: *Der mögliche Mensch.* Sphinx, Basel 1984
Irmgard Hülsemann: Lou. *Das Leben der Lou Andreas-Salomé.* Claassen, Hildesheim 1998
Johan Huizinga: Homo Ludens. *Vom Ursprung der Kultur im Spiel.* Rowohlt 1991
Alexander Jeanmaire: *Der kreative Funke.* Ariston, Kreuzlingen 1997
Barry Johnson: *Polarity Management: Identifying and Managing Unsolvable Problems.* Anherst 1992
Joachim Koch: *Abschied von der Realität. Das illusionistische Zeitalter.* Rowohlt, Reinbek 1988

Klaus Kolb, Frank Miltner: *Kreativität. Frei für neue Ideen und Lösungen.* Gräfe & Unzer, München 1998
Joseph LeDoux: *Das Netz der Gefühle.* Carl Hanser, München 1998
Pat Leonhard: *Lernen für kluge Köpfe. 6 Kopfwerkzeuge.* Ariston, Kreuzlingen 1997
David Loye: *Gehirn, Geist und Vision.* Sphinx, Basel 1986
Dudley Lynch, Paul Kordis: *DelphinStrategien. Managment-Strategien in chaotischen Systemen.* Paida, Fulda 1992
Alberto Manguel: *Eine Geschichte des Lesens.* Volk & Welt, Berlin 1998
Humberto R. Maturana, Francisco J. Varela: *Der Baum der Erkenntnis. Die biologischen Wurzeln des menschlichen Erkennens.* Goldmann, München 1991
David Mercer: Future Revolutions. *A Comprehensive Guide to the Third Millennium.* Orion Business, London 1998
Robert Ornstein: *Multimind. Ein neues Modell des menschlichen Geistes.* Junfermann, Paderborn 1989
David Peat: *Synchronizität. Die verborgene Ordnung.* O.W. Barth, München 1992
Abraham Pais: *Ich vertraue auf Intuition. Der andere Albert Einstein.* Spektrum, Berlin 1998
Penney Peirce: *The Intuitive Way.* Integral/Scherz, München 1999
Linde Salber: *Lou Andreas-Salomé.* Rowohlt, Reinbek 1998
U. Schnabel, A. Sentker: *Wie kommt die Welt in den Kopf?* Rowohlt, Reinbek 1998
Gerhard Schütz: *Über Träume, Trance und Kreativität.* Junfermann, Paderborn 1999
Mona Lisa Schulz: *Awakening Intuition.* Harmony Books, New York 1998
Peter Senge: *Die fünfte Disziplin: Kunst und Praxis der lernenden Organisation.* Stuttgart 1998
Idries Shah: *The Wisdom of the Idiots.* New York 1971
Klausbernd Vollmar: *Sieben Kräfte hat das Ich.* Integral/Scherz, Bern, München 1998
Klausbernd Vollmar: *Traumhafte Lösungen.* Hugendubel, München 1999

Klausbernd Vollmar: *Das Arbeitsbuch zur Traumdeutung.* Hugendubel, München 1996
Klausbernd Vollmar: *Reise in das Land der Träume.* Hugendubel 1999
Klausbernd Vollmar: *Ratgeber Traum.* Königsfurt, Königsförde 1996
Klausbernd Vollmar: *Träume erinnern und richtig deuten.* Gräfe & Unzer, München 1998
Klausbernd Vollmar/Heidemarie Eibl: *Wahre Träume.* Königsfurt, Königsförde 1997
Klausbernd Vollmar/Johannes Fiebig: *Traum und Traumdeutung erleben & verstehen.* Königsfurt, Krummwisch 1999
Henrik Walter: *Neurophilosophie der Willensfreiheit.* Schöningh, Paderborn 1998
Reinhard Werth: *Hirnwelten.* C. H. Beck, München 1998
Donald Woods Winnicott: *Vom Spiel zur Kreativität.* Klett Cotta, Stuttgart 1996

Das vorliegende Buch ist sorgfältig erarbeitet worden.
Dennoch erfolgen alle Angaben ohne Gewähr.
Weder Autoren noch Verlag können für eventuelle Nachteile oder Schäden, die aus den im Buch gemachten praktischen Hinweisen resultieren, eine Haftung übernehmen.

Der Integral Verlag ist ein Unternehmen der
Econ Ullstein List Verlag GmbH & Co. KG

ISBN 3-7787-9062-5

Originalausgabe

Umschlaggestaltung: Hilden Design, München
Gesetzt aus der Aldus bei Franzis print & media GmbH, München
Druck und Bindung: Pustet, Regensburg